李宇桐◎著

手把手教你做赚钱的微商

北京联合出版公司
Beijing United Publishing Co.,Ltd.

图书在版编目（CIP）数据

手把手教你做赚钱的微商 / 李宇桐著 . —北京：北京联合出版公司，2016.5（2016.9重印）

ISBN 978-7-5502-7223-1

Ⅰ . ①手… Ⅱ . ①李… Ⅲ . ①网络营销 Ⅳ . ① F713.36

中国版本图书馆CIP数据核字（2016）第038833号

手把手教你做赚钱的微商
作　　者：李宇桐
选题策划：北京时代光华图书有限公司
责任编辑：龚　将　夏应鹏
特约编辑：郄军席　李燕子
封面设计：元明设计
版式设计：曾　放

北京联合出版公司出版
（北京市西城区德外大街83号楼9层　100088）
北京嘉业印刷厂印刷　新华书店经销
字数126千字　787毫米 ×1092毫米　1/16　12印张
2016年5月第1版　2016年9月第2次印刷
ISBN 978-7-5502-7223-1
定价：39.00元

目 录
CONTENTS

微商“自杀”的六种方式

CHAPTER 3

赚大钱，一定先当微商明星

精准客户数量决定微商生死

CHAPTER 7

快速赚钱，线下引流是微商的死穴

CHAPTER 8

把朋友圈经营成摇钱树

CHAPTER 9

微商成功的关键是极速成交

CHAPTER 10

做好客户服务才能坐稳江山

CHAPTER 11

海量招募代理商，才能赚大钱

前言
FOREWORD

微商是一种基于微信实现商品的社交分享、熟人推荐与朋友圈展示的新商业模式，目前因广泛流行而倍受热捧。但对于微商的未来发展，大家评论不一。我认为微商首先是商人，如果一个微商具备作为商人的基本素质,那么经营微商有可能比经营实体店更赚钱。

也许很多朋友会想，仅靠一部手机、一个微信，无须启动资金以及货源，没有物流压力，就可以成为老板，这怎么可能呢?其实不然，与传统商业需要产品和渠道等高成本相比，微商开店十分轻松。我经常看到，很多做微商的朋友月净利润达到几万元、十几万元，甚至几十万元。

因此，你需要改变一下观念，微商完全有可能比实体店赚钱。更重要的是，现在是移动互联网时代，未来很有可能是微商的天下。你要暗自庆幸，今天你赶上微商赚钱的良好机遇，走上了微商之路。因为未来商业最重要的趋势之一是微商。

很多年之前，如果你要开一家店，首先需要租个门脸房、安牌匾、摆货品，然后等着客户上门。可是互联网兴起之后，某一天，突然有人说你可以把产品放到我的淘宝网店上来卖，很多老板都不敢相信，这怎么可能呢？如果我是老板的话，我也会有顾虑。如果我卖的是衣服，顾客都没有办法试穿我提供的衣服，怎么可能会购买呢？再比如我卖的是食品，顾客都没有看到食品是什么样子的，怎么可能会购买呢？

可是，当2015年11月11日，天猫“双十一”一天的交易额超过912亿元的时候，我们猛然醒悟：当初我们的疑虑和担心是多余的。

如果你错过了10年前的淘宝，那么现在一定要抓住下一个趋势——微商。不管你是刚毕业的大学生，还是“宝妈”（孩子的妈妈），还是一家传统企业的老板，我都会告诉你，千万不要错过微商，在不久的将来，微商定会抢占海量的市场，成为商业模式的主流。现在错过微商，你错过的将不只是财富，还会错过未来的机遇。

微商始于2012年年底，于2013年、2014年获得大面积成长，于2015年受到热捧。目前，大家的微信朋友圈都充斥着各类广告。做微商需要添加大量的微信好友。很多做微商的朋友运用加粉神器，通过虚拟定位添加微信好友，然后频繁、大量地在微信朋友圈发布一些虚假信息和广告；也有很多微商朋友运用招聘的方式在同城网站、信息网站疯狂加粉；还有一些做微商的朋友以送宠物、低廉的价格租赁房屋等方式，发布很多不真实的信息，骗取大量网民成为他们的微信好友。这些都是原始的、传统的、粗糙的微商运营模式。这种模式是无法长久运营下去的，是必然会消亡的。所以，作为微商，要想长久经营，一定要学会建立科学、有效、系统的微商运营模式。唯有如此，才能更好地适应未来市场，才能真正赚到属于自己的财富。

CHAPTER 1

成功微商不传的九大秘籍

做微商，首先你一定要诚信经营，接下来还要懂得感恩、主动付出、多努力。然而仅仅靠主动付出和努力是不够的，你还要不断地学习。在微商运营的过程中，你要懂得使用发自内心的赞美。

要想做成赚大钱的微商，你还要打开自己的格局和胸怀。真正赚大钱的微商，一定都有很多坚定的代理商追随，这就需要你快速提升自己的个人魅力，去做大团队。此外，最重要的是树立一个能让微商持续赚钱的理念——利他，因为只有利他才能成就自己。

让诚信成为你的吸金法宝

诚信是一个人最大的财富。不讲诚信的人是不可能做成任何事情的，不注重诚信的人是不可能有大的成就的。

在《论语·为政》中，孔子讲过一句话："人而无信，不知其可也。大车无輗，小车无軏，其何以行之哉？"意思是：如果一个人不讲诚信，他在这个世界上是不能生存发展的。就像“大车无輗，小车无軏”，如何能走呢？

做微商一定要懂得诚信经营，否则，你的微商之路是无法长久的。

今天我们做微商，虽然很少和目标客户见面，但是我们同样要做到诚信经营，否则你是没有办法做起来的，更不用说长期做下去了。

感恩让客户持续支持你

做微商，你一定要心怀感恩。

你一定要感恩客户。你感恩客户，客户才愿意持续地、长久地支持你。

你一定要感恩领导。你感恩领导，领导才乐意花费更多的心血去培养你、引导你，并给你更多的资源。

同时，你一定要感恩你的合作伙伴。你感恩合作伙伴，合作伙伴才会给予你更多的信任和支持。

你愿意感恩多少人，就会有多少人愿意给你提供更大的支持和帮助。所以你要学会感恩，发自内心地去感恩与你交往的每一个人。

我们不但要感恩每一个客户、每一位领导、每一位合作伙伴，还要感恩与我们交往的每一个人。这样，才会有越来越多的人愿意持续地支持我们。

付出就像播种，种一收万

很多时候，朋友都会问：为什么要主动付出？主动付出对我有什么好处？

记得有句诗是这样写的："春种一粒粟，秋收万颗子。"我觉得用这句诗来形容付出就会有回报是很形象的。也就是说，你的主动付出就像农民伯伯在春天往地里种种子一样，种下去一粒种子，秋天的时候就会收获很多粮食。

相反，如果一个人只懂得不断地索取，从来都不懂得主动付出，你愿意跟这样的人接触吗？既然你都不愿意跟这样的人接触，那又怎么能期望自己在不付出只索取的情况下，有很多人愿意跟你接触呢？

如果你想拥有更多的朋友、更多的客户，就一定要懂得发自内心地去主动付出。你付出的越多，就像农民伯伯种的种子越多一样，你的收获也会越多。

有些朋友可能会担心：我主动付出很多，结果却没有收获，怎么办？

其实，这种担心并非没有必要，因为农民伯伯种地的时候，也会担心春天把种子种下去，秋天收不到粮食。但是如果农民伯伯因为担心秋天收不到粮食而放弃在春天播种的话，那么秋天肯定会颗粒无收。农民伯伯选择在春天播种，是因为种下的是种子，获得的是希望，收获的是未来。如果你因为担心付出得不到回报而不去主动付出，那么你永远都得不到任何回报。请记住：宇宙是圆的，主动付出是回报的起点，只有主动付出了，才会有回报。

努力既要有方法，又要懂技巧

做微商也是经商，做微商需要努力经营、努力付出，才会有所收益。微商不是弯腰捡钱，不是随便在手机上弄一弄，就可以赚钱。记住，做微商，你要持续不断地努力，既要讲究努力的方法，又要注重努力的技巧，这样才有盈利和持续发展的可能。

虽然做微商比做传统生意容易、轻松，而且收益可能会比传统生意高，但绝对不是不劳而获的。如果你不努力学习，不努力经营，做微商同样是没有办法赚到钱的，甚至还会亏钱。

快速学习并成长，你才能赚大钱

微商刚刚兴起的时候，传统微商靠吹牛、作假、刷朋友圈就能赚到钱，但是这样玩的时代已经过去了。现在，做微商一定要不断地学习专业知识和方法，才能赢得市场和客户，才能拓宽自己的微商之路。

如果只是用传统的商业销售方式来做微商，只能维持一间十平方米左右的小店。如果你想把微商做得像开连锁超市一样，遍布全国各地，一定要学习微商系统运营的方法和策略，不断地学习、进步，你才能成长为粉丝热捧的微商大咖。

赞美能让客户立即喜欢你

赞美非常关键。你可以仔细想一下，当一个人夸你："天哪！身材真棒！""天哪！你好漂亮！""天哪！你的笑容真迷人！""天哪！你太有魅力了！"这时候，你内心是什么感觉？是不是特别舒服？是不是心里特别美？当你被人赞美的时候，你对赞美你的人是一种什么感觉？是不是很感谢他，是不是对他有一种非常好的感觉和印象？

想要让老客户、目标客户以及身边的人都对你有非常好的印象，你一定要学会发自肺腑地去赞美他们。

赞美客户可以是多方面的。比如，从客户的服饰、朋友圈、身材等各个方面给予赞美。你一定有很多机会给予身边的人赞美。懂得赞美的微商，收入会加倍增长。

赞美是没有成本的，但是你能通过赞美收获无限的价值和财富。我告诉你一个秘密：赞美同一个人三次，他会非常非常喜欢你。

如果在一段时间内，你能赞美同一个人十次，这个人基本上已经离不开你了。他想获得赞美的时候，就会主动找你。你可以通过赞美在他那里获得自己想要得到的财富。

用格局和胸怀征服代理商

现实中经常碰到这样的情况：如果一个人看谁都有毛病、都有问题，那么通常都是他自己的毛病最多、问题最大。原因在于这样的人没有足够大的格局和胸怀。不仅现实工作和生活中需要有大的格局和胸怀，做微商也需要培养格局和胸怀。

一个人的格局，决定着有多少人愿意跟他一起走。一个人的胸怀，决定着有多少人愿意全力以赴地支持他。这就像你盖了一座十几平方米的房子，这座房子的空间不可能达到一百平方米一样，做微商也是需要用大格局和大胸怀去征服代理商的。

你要通过修炼，不断打开自己的格局和胸怀。俗话说“宰相肚里能撑船”，这句话就是用来形容古代宰相的格局和胸怀的。也就是说，在古代，格局和胸怀足够大的人，才能做“一人之下，万人之上”的宰相。可见，格局和胸怀足够大的微商，才能吸引更多的代理商与他一起努力地拼搏奋斗。

要想把微商做大做强，就一定要把自己的格局和胸怀打开，这样追随你的微商代理商才会越来越多，你也才会越做越赚钱。

快速提升个人魅力，做大团队

把微商做大做强，仅凭一个人的力量是很难的。做微商，最重要的是你要拥有自己的代理商团队，并通过提升个人魅力，产生强大的凝聚力，将自己的团队打造成一支铁军。

要打造一个实力强大的代理商团队，就需要有几十位、上百位，乃至上千位代理商加盟到你的团队中。此时你需要好好思考一个问题：代理商为什么要加盟你的微商团队？是因为你卖的产品质量好吗？是因为你用的方法好吗？其实这些都不是最重要的，最重要的是让代理商们认同你这个人，让他们认同你是一个有巨大人格魅力的人。只有你的人格魅力能够吸引他们，他们才会发自内心地、死心塌地地追随你。可见，人格魅力对你打造自己的团队有多么重要。

一个人的人格魅力与长相、身材没有多大关系，真正的人格魅力源自一个人的内在品质。我相信，一个正直、诚信、乐意主动付出，内心非常善良，非常有爱，而且拥有大的格局和胸怀的人，我相信，这样的人一定会散发出强大的人格魅力。

只有坚持不懈地修炼这些内在品质，你才能变成一个越来越有魅力的人，你的微商团队才能真正地强大起来。

其实在微商运营的过程中，有些人在很短的时间内打造出了一个十几人、几十人，甚至上百人的团队，可是好景不长，他的团队又迅速萎缩，甚至土崩瓦解。究其原因，是因为他只顾赚钱，不注重提升内在的人格魅力。

俗话说："路遥知马力，日久见人心。"如果你的团队、你的代理商发现你不是他们真正要追随的领导，和他们想象中的领导不一样，他们就会一个接一个地离开你。做赚钱的微商，一定要把代理商变成你的朋友。

利他铸就你的微商卓越人生

利他，顾名思义，就是我们一定要懂得带给他人好处，给予他人支持。如果今天我们为了卖出产品而让客户蒙受损失或受到伤害，这绝对不是利他，这是损人利己。微商是绝对不可以这样做的。

稻盛和夫曾说过："自利则生，利他则久。"大意是，使自己获利是生存的基础，没有自利，人失去了生存的基本驱动力；使他人获利，自己才能长久地处于获得他人帮助和敬仰的有利位置，没有利他，人生和事业就会失去平衡并最终导致失败。

如果我卖的是食品，一定是自己吃了感觉味道非常好，感觉对身心健康有益，我才把食品推销给客户；如果我卖的是护肤品，比如面膜，一定是自己用了感觉非常好，我才把面膜推销给客户。这样做就够了吗？其实严格来讲，单纯这样做还远远不够。

有的朋友可能会说："没关系，我的产品虽然没有相关的证照，没有相关的检测报告，可是我用着感觉挺好的，也没有出现什么副作用。所以我卖出去应该也没问题，反正我自己都用过了。”

针对这样的朋友，我的告诫是：你这样做虽然暂时没有出现问题，可是你是否知道，有些产品，比如有的化妆品含铅、含汞，同时含有一些对皮肤不好的化学元素，这些化学元素的伤害一天、两天、三天、五天可能显现不出来，但是它却实实在在地在对人的皮肤产生伤害。你用了没有感觉到伤害就开始销售，但人与人的肤质是不同的，当有一天真的出了问题，你再后悔就晚了。

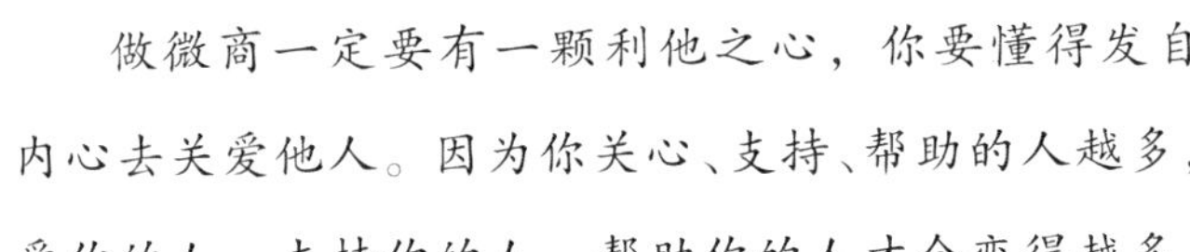
做微商一定要有一颗利他之心，你要懂得发自内心去关爱他人。因为你关心、支持、帮助的人越多，爱你的人、支持你的人、帮助你的人才会变得越多。

记住，千万不要骗人，更不能害人。你要牢记两个字——因果，今天你种下的因，就是明天你收获的果。

真正的利他才是最大的利己。

要点集结

◎以上讲的是成功微商不传的九大秘籍。这九大秘籍就像我们建造一座大厦打的地基一样，夯实基础是非常重要的。

◎很多朋友可能会问:“这九大秘籍不是做人的道理吗?这些道理跟我做微商有什么关系呢?”我要说的是:做事先做人，如果做人做不好的话，你做微商简直就是天方夜谭，因为做微商的根本是做人，不懂做人，根本不可能长久做下去并持续赚钱。

◎诚信是一个人在社会上立足必须具备的品质。做微商，一定要让诚信放射出耀眼的光芒，成为你的吸金法宝。

◎你感恩的人越多，那么愿意给你提供支持和帮助的人就越多。做微商心怀感恩，你会获得持续的支持。

◎“春种一粒粟，秋收万颗子。”回报来源于付出，付出是回报的起点。做微商你要学会主动付出。

◎做微商，你要持续不断地努力，而且努力要既讲究方法，又注重技巧，这样才能事半功倍，才能实现微营销，引爆大利润。

◎不断地快速学习专业知识和方法，不断地学习微商系统运营的方法和策略，才能使自己不断进步，快速成为微商明星。

◎赞美是没有成本的，但是你能通过赞美收获无限的价值和财富。做懂得赞美的微商，让财富滚滚而来。

◎一个人的格局，决定着有多少人愿意跟他一起走。一个人的胸怀，决定着有多少人愿意全力以赴地支持他。要做大做强微商，就一定要打开自己的格局和胸怀，吸纳和征服大量的代理商为你工作。

◎作为一个微商团队的领导，你一定要不断提升自己的个人魅力。这样，你才能让自己的团队更有凝聚力、向心力，才能成功打造自己的微商帝国。

◎做微商一定要有一颗利他之心，你一定要懂得发自内心地去关爱他人。因为你关心的、支持的、帮助的人越多，支持你的人就会越多。

CHAPTER 2

微商“自杀”的六种方式

在微商运营的过程中，我真真切切地看到，很多做微商的朋友急功近利、盲目扩张，真的是在用“自杀”的方式经营微商。下面我将介绍微商“自杀”的六种方式：漫无目的地无节制群发，刷屏式朋友圈广告暴力，开百货店经营多样化的产品，毫无选择地疯狂加友，毫无选择地疯狂加群，疯狂销售伪劣产品。你可以对比一下，自己是否也在运用“自杀”的方式经营微商。希望能引起你的足够重视，从而让自己真正走上微商赚钱之路。

漫无目的地无节制群发

你可以试想一下，如果你在微信中漫无目的地无节制群发各种信息，是不是会带给好友很多烦恼，甚至会让好友特别反感你，觉得你是一个很大的麻烦。

在大家都很气愤的时候，你做再多的宣传，转发再多的广告，会有好效果吗？我认为那是不可能的。更重要的是，不管是今天的微商，还是过去传统的商业模式，都是把产品卖给目标客户，中间最致命、最关键的问题是信任问题。因为谁都不会从自己不信任的人那里购买商品。

比如，有一天，一个推销员到你家推销一款产品，他说他带来的产品多么好、多么棒，功效多么强，你怎么听都觉得他是一个想要骗你钱的骗子。你根本就不信任他，怎么可能购买他带来的产品呢？此时你们双方不可能成交。

到底怎样才能产生信任呢？其实，双方建立信任应该发生在销售产品之前，也就是在对方喜欢你、信任你之后再去销售产品，你成功的概率会大大提高。

有的人会说，我去逛商场的时候，自己发现一款很中意的产品，我只是很简单地让服务人员帮忙把产品拿给我看一看，如果觉得产品不错的话，我就直接让服务人员开小票，然后我拿着小票去收银台交完钱，产品就是我的了，我就可以带走产品了。在整个过程中，商场的服务人员并没有跟我建立任何信任关系，我却购买了产品。

的确，在整个过程中，服务人员与你之间没有建立信任关系，但是你可以仔细想一下，在购买的整个过程中，是不是也存在某种信任关系？比如你可能不相信这位服务人员，但是你比较信任这家商场，或者你对这个商品的品牌足够信任。

除了没有信任很难产生交易之外，更重要的是，你无节制群发各种信息，你的好友会变得越来越少。没有好友，你也就失去了做微商的基础，因为微商一定是基于好友存在的。当你懂得如何让客户对你产生足够信任的时候，恭喜你，成交的工作已经完成 80% 了。

刷屏式朋友圈广告发布

有些做微商的朋友像小蜜蜂一样勤劳，甚至比小蜜蜂还勤劳，一天刷三五十次朋友圈。当微信好友打开自己的朋友圈，想看看最近发生了什么新鲜事的时候，想看看好友在干什么的时候，却发现朋友圈里满屏幕都是你刷屏式发布的产品广告。

请你站在好友的角度和立场试想一下，当你想在朋友圈了解好友今天都做了什么、吃了什么、去了哪里、有什么新鲜事的时候，打开微信朋友圈，看到的却是铺天盖地的信息，而且是同一个人发的广告时，你会作何感想？我的第一反应就是把这个人屏蔽、拉黑，甚至把他从我的微信通讯录里踢出去。你是不是也有这种想法和做法？如果你都有这样的想法和做法，那么可以想象你的很多好友都会有这样的想法和做法。

你一定要了解这样一个观点，那就是：很多人都有一种以自我意识为主的思维方式或观念。什么叫“以自我意识为主”？以自我意识为主就是你认为自己喜欢的，别人就一定喜欢；你认为自己不反感的，别人就一定不反感。

作为微商，你拼命地发广告，是因为你有一种叫作利益驱动的系统的价值观在驱使你这样做。因此，你无论怎么发广告，自己是不会觉得烦的。但是，你的好友并没有这种叫作利益驱动的系统的价值观驱使，所以，你的好友并不关心你发的广告，而且同一个广告看多了是一定会烦的。

你要时刻提醒自己：以自我意识为主就是自己喜欢的就认为别人也喜欢，自己不讨厌的就认为别人也不讨厌。如果你一直坚持以自我意识为主的观念，那么这是一件很可怕的事情。

当你大量地、频繁地用广告“暴力”刷朋友圈的时候，你抢占了好友的朋友圈空间和好友的宝贵时间，好友会产生强烈的抵触情绪。这种情况下是很难成交的，并且会有越来越多的好友屏蔽你的朋友圈。

最可怕的是，无论多少好友屏蔽了你的朋友圈，你都不知道，因为微信是不会给你任何提示的。所以，一定不要再刷屏式地在自己的朋友圈发布垃圾信息了。

产品多样化，开百货店

所谓的“开百货店”，就是在自己的朋友圈里今天卖保健品，明天卖化妆品，后天卖服装……还做产品代购，发布的商品信息可谓五花八门。如果你是这样经营微商的，我想问一句：你到底要让客户买什么？

可能你的想法非常好，你期望客户缺什么都能在你这里买到，但是你考虑过这样经营微商成功的概率大吗？成交的可能性大吗？

所有销售的核心就是“信任”二字。做微商，你这个产品也卖，那个产品也卖，什么产品都卖，客户会不会担心你的专业度问题？客户会不会担心你后续供货的问题？客户会不会担心你后期服务的问题？……客户会产生各种各样的担心和疑虑，因此，客户是很难在你这里购买产品的。

> 开百货店是做微商“自杀”最快的方式之一。用这种方式经营微商，你难以建立起客户对你的信任，无法开展客户教育，更不用说销售产品了。

很多人都有一个认识误区：开“百货店”可以增加营业额。事实上，在销售产品的过程中，产品多样化会导致焦点不集中，因而很难达到好的销售效果。

毫无选择地疯狂加友

无论是目前市面上流行的加粉神器，还是其他加粉的方法和策略，你会发现一系列很重要的问题：你加到好友后，你无从知道他是什么年龄段的人；你也不知道他的性别是男是女；你更不知道他从事什么行业，他关注的焦点是什么。

通常利用这种方式加到的好友，多数都不是你的目标客户。这不但浪费了你大量的时间，而且没有任何实质的效果。假如你是一个销售面膜的微商，通过这种方式加到的好友很可能是男人、老人，即便是女人，也很可能是只在商场专柜购买护肤品的女人，此外，还有可能加到的是你的同行。总之，你加到的大量好友，可能只有一小部分是你的目标客户。

目标客户好友与大量的非客户好友混在一起，需要你花费大量的时间和精力来维护情感。这是你工作量极大却不出业绩的根源所在。很多微商朋友就是这样累死在手机上的。

有人会说，我可以把大量的非客户好友变成我的目标客户好友。比如男人也可以买面膜、买化妆品，然后再送给自己的女朋友或者老婆。这种想法让我想到了一个故事。多年前，在很多营销课上，老师讲过“把梳子卖给和尚”的故事。现实中有没有可能把梳子卖给和尚呢？当然有。但是，我想问一下：到底是把梳子卖给爱美的长发飘飘的女生比较容易？还是把梳子卖给和尚比较容易？我认为，多数人都会回答卖给爱美的长发飘飘的女生比较容易。

营销做到最后，做的一定是概率。面对精准客户，产品卖出的概率会相对高一些，成功率也要高很多。面对本身就有抵触情绪的客户群体，产品销售成功的概率是比较低的。因此，你一定要把有限的时间和精力放到最关键、最重要的精准目标客户群体上，而不是放在那些非客户好友上。把梳子卖给和尚，那是过去的事情了，今天，你一定要学会把梳子卖给爱美的长发飘飘的女生，这才是上策。

毫无选择地疯狂加群

如果你没有选择地疯狂加微信群，那么当你加到大量的低品质群时，只会浪费你大量的时间和精力。天天对着各种广告微信群、垃圾微信群的成百上千个微信头像，你肯定会头大眼花的。最后，你会发现，你加到的群没有几个是自己的目标客户群。

这种毫无选择地疯狂加群的微商营销方式，犯的是与毫无选择地疯狂加友相同的错误。你加的微信群越多，信息也会跟着多起来的。信息多了会出现更严重的问题——你的手机运行速度越来越慢，甚至会卡到死机。对微商来说，手机就好比是你上战场手里握着的那杆枪，如果枪有问题，那无疑是非常可怕的事情。

唯利是图，销售伪劣产品

唯利是图，提高产品价格和销售伪劣产品是赶走客户最快速、最简单的方式。因此，做微商一定要注重代理的产品的品质。因为培养一个客户，需要你投入大量的时间、精力、人力，甚至财力，而赶走一个客户却是轻轻松松就能做到的事情。

做微商，选对产品才能赚到钱。很多做微商的朋友问我："如何选择产品才能赚大钱？"其实市面上可以选择的产品很多，比如奢侈品、衣服、鞋帽、眼镜、减肥产品、护肤品、保健品等等。但是，无论你选择哪一类产品，都应把握以下原则：

选择客户的需求量大且会持续购买的产品；

选择开发一次客户就可以持续产生利润的产品；

选择客户愿意主动帮你做客户转介绍的好口碑产品；

选择能让你轻松开发市场并维护市场的产品；

选择能让你获得海量客户的爆款产品；

选择能让你持续获得可观、稳定的收入的产品；

选择公司提供一流培训系统，能让你的微商团队持续成长的产品。

要点集结

○ 没有信任就没有成交。在整个营销过程中，所有的环节都是围绕着建立信任展开的。做微商，在销售之前一定要建立起客户对你的信任。

○ 当你大量地、频繁地用广告“暴力”刷朋友圈的时候，你抢占了好友的朋友圈空间和好友的宝贵时间，好友会产生强烈的抵触情绪。

○ 开百货店是做微商“自杀”最快的方式之一。用这种方式经营微商，你难以建立起客户对你的信任，无法开展客户教育，更不用说销售产品了。

○ 是把梳子卖给爱美的长发飘飘的女生比较容易，还是把梳子卖给和尚比较容易？我认为，多数人都会回答把梳子卖给爱美的长发飘飘的女生比较容易。

◎你加的微信群越多，信息也会跟着多起来的。信息多了会出现更严重的问题——你的手机运行速度越来越慢，甚至会卡到死机。

CHAPTER 3

赚大钱，一定先当微商明星

要做赚大钱的微商，你一定要树立一个正确的观念，那就是一定要先把自己打造成微商明星。如何才能快速成为微商明星呢？

人人都可以成为微商明星

“敢为天下先”是成为微商明星的基础。

怎样才能做到“敢为天下先”呢？主要从以下三个方面入手：

第一，做别人想不到的事；

第二，做别人不敢想的事；

第三，做别人不敢做的事。

反过来说，如果你做的事情和其他微商做的事情一模一样，那么你最终得到的结果和其他微商得到的结果也会相差无几。

如果你今天做微商用的仍是昨天的方法、系统和策略，完全没有一点创新，可能做出来的结果你自己都不满意，又怎能期望会有一个更好的结果呢？那么，如何才能达成自己的目标和愿望呢？首先要通过提升整体形象，把自己打造成微商明星，为自己带来更多的认同。这样，你才能把产品销售出去，真正把微商做强做大。

做赚钱的微商，就要敢为天下先，就要先成为微商明星。这样你才能用自己的气场和磁场吸引目标客户，获得代理商的信任。

打造自己的个性标签

打造个性标签，让客户牢牢记住你，也能让自己快速成为微商明星。

你可以给自己设计一个叫得响的专业昵称。

什么是专业昵称？假如我卖的是食品，我给自己的微商起名叫“张胖子”。请问，当你看到“张胖子”这个昵称时，会是什么感觉？从个人角度来说，我看到“胖子”，通常会联想到大汗淋漓的样子，做出来的食品根本没法吃。假如我给自己起一个“××食神”的昵称，就比“张胖子”感觉好很多。可见，“××食神”才算得上是专业昵称。

微商的专业昵称设计，一要让客户很容易记住，二要易于传播扩散，最重要的是能让客户对你产生一个好的印象。

假如你是做奢侈品代购的，你可以直接叫“奢侈品女王”“××空中飞人”“海归女神”等。因为叫“××空中飞人”“海归女神”的话，让客户一看名字就知道你是天天在天上飞的人，是海归一族。这样的人做代购，更容易让客户相信你代购的实力和货源渠道。

假如你是做面膜的，你可以直接叫“面膜先生”“面膜盟主”“护肤专家”。因为这样的专业昵称，能让目标客户更容易对你产生信任，从而进一步信任你的产品。

由此可见，一个微商的微信专业昵称设计非常关键，一定要让目标客户容易记住，易于传播。千万不要把微信的专业昵称设计得生涩拗口，难以记住。如果客户连你的专业昵称都记不住的话，怎么可能会信任你，购买你的产品呢？

另外，在微信里面有一种微信名称叫作“A号一族”。所谓的“A号一族”，就是在自己的微信昵称前边加上几个大写的字母“A”，让自己的名字出现在好友手机通讯录的前边。

需要注意的是，在微信昵称前边加大写字母“A”的人做微商推广的比较多。而当一个人的微信好友上限达到5000人的时候，基本上都会把做微商推广的人删掉一些。如果你是“A号一族”的话，真正的效果只有一个，就是让好友更容易、更准确地找到你，把你的微信快速删掉。希望各位“A号一族”的微商朋友以最快的速度把微信昵称前面的大写字母“A”删掉。这样，你才可能有机会成为一名真正赚钱的微商。

打造你的职业副标签

所谓的职业副标签，就是让客户深深地记住你的微信定位。比如我的微信定位为“微商之神”，同时，还有一个定位叫“零成本营销创始人”。你的微信昵称也可以完全用“护肤导师”“功效面膜专家”“××学说的创始人”“××团队的创始人”这样的职业定位。

运用焦点法则，由点到面，你的微商才能逐步做大做强。

打造你的视觉副标签

所谓的视觉副标签，就是让客户感到你是非常专业的，通过视觉识别，增强客户对你的信任感。比如，当一个公司要上市的时候，这家公司的名片是不是有标准的模板？是不是有自己公司的视觉传达系统？仔细观察，你就会发现上市公司每一间办公室门上的标签都是一样的，并且公司员工用的每一个信封、每一张信纸以及其他工具，上面的视觉传达都是有标准的，非常一致的，这些都可以称作视觉识别。

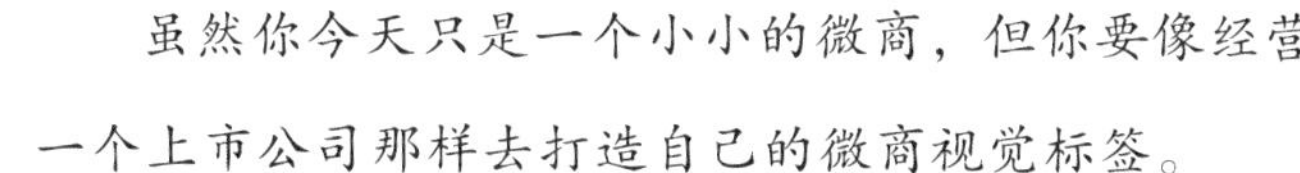

虽然你今天只是一个小小的微商，但你要像经营一个上市公司那样去打造自己的微商视觉标签。

很多微商都有自己团队的标识、自己团队的口号、自己团队的聊天背景等一整套视觉识别系统。我认为，大部分代理商愿意选择和这样系统非常完善、工作十分专业的微商合作。

零成本开出明星品牌旗舰店

你在逛街的时候，经常看到“×× 服装品牌旗舰店”“××家电品牌旗舰店”等字眼。大家都知道旗舰店和普通店铺之间存在着巨大的区别。

那么，两者之间的区别到底是什么呢？

首先，明星品牌旗舰店的规模更大，品种更齐全，服务更专业更到位。

其次，明星品牌旗舰店一般都是厂家直营的。

可见，明星品牌旗舰店的可信度要比普通店铺的可信度高很多。

你打算在手机上开一个普通店铺，还是开一个明星品牌旗舰店，有想过吗？要在微信上开明星品牌旗舰店，只需打造出明星品牌旗舰店的概念就可以了。其实你不用付出太多的人力、财力和物力去装饰自己的微信空间，因为手机上没办法装饰太多的内容。把自己的微信朋友圈的封面设计得漂亮一些，获得品牌的许可，放上产品品牌的Logo，加上“旗舰店”的字样，自然要比一般的微商显得“高大上”很多，这样好友会觉得你可能已经是一个微商明星了。

要点集结

○ 把自己打造成微商明星，需要创造性地做好三件事：做别人想不到的事，做别人不敢想的事，做别人不敢做的事。

○ 微信专业昵称的设计非常关键，专业昵称一定要让目标客户易记，易传播。如果微信的专业昵称设计得太生涩拗口，就很难印在客户的脑海中。

◎一般情况下，微商都有自己团队的标识、自己团队的口号、自己团队的聊天背景等一整套视觉识别系统。视觉形象也是一种力量。

◎明星品牌旗舰店一般是厂家直营的，与普通店铺相比，规模更大，品种更齐全，服务更专业更到位。

CHAPTER 4

精准客户数量决定微商生死

加精准客户有两种基本方式：一种是主动加别人为好友，一种是精准客户主动加你为好友。我认为，主动添加别人为好友存在以下几方面的弊端：

第一，就像大海里捞针，很难加到精准客户；

第二，主动加别人为好友，是你求人，不是人求你。

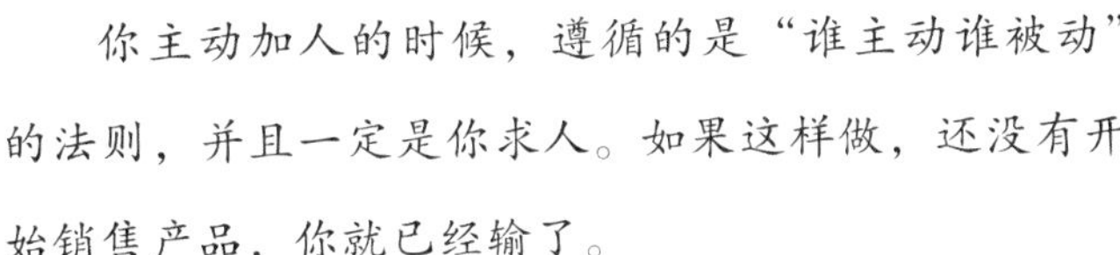

你主动加人的时候，遵循的是“谁主动谁被动”的法则，并且一定是你求人。如果这样做，还没有开始销售产品，你就已经输了。

让精准客户主动加你，并在加你时对你产生认同、喜欢，甚至崇拜，这时，你销售产品才会比较容易。

我在这里主要介绍的是如何通过精准战略，让精准客户主动加你为好友。

加百位好友不如加一位精准客户

在微信里加好友，要树立以下几大观念：

第一，加一百位微信好友不如加一位精准客户；

第二，主动添加一百位微信好友，不如一位精准客户主动加你；

第三，微信中的精准客户数量决定着微商的生与死。

这三大观念是环环相扣的。其中，精准客户的数量是微商能否成功的命门，是关键中的关键。

让精准客户主动加你才是王道

让精准客户主动加你，我认为至少要做好以下几步工作：

第一，准确定义你的精准客户，即什么样的客户加你为好友，才能让你获得越来越多的利润；

第二，找到精准客户经常出现的活动场所；

第三，打造适合精准客户的“超级诱饵”；

第四，在精准客户出现的活动场所投放“超级诱饵”。

下面我以做面膜的微商为例，告诉你做微商应该如何定义精准客户。

第一，女性做面膜的居多数，可见，面膜的精准客户以年轻、爱美的女性客户为主；

第二，一定是喜欢用手机或电脑上网学习、爱分享美容经验的美女；

第三，你主要宣传这款面膜与其他面膜相比有哪些优势，以及此款面膜使用的方法技巧和使用后的效果分享等方面的内容；

第四，在精准客户经常上线的QQ群、微信群、论坛、贴吧中有规律地投放“超级诱饵”。

添加好友，其中最重要的原则就是叫“选对鱼池”。因为先找对鱼池，你才有可能钓到“鱼”。

一说钓鱼，很多朋友都会想到姜太公钓鱼。姜太公是怎么钓鱼的？姜太公用直钩钓鱼。与之相应的歇后语为：姜太公钓鱼——愿者上钩。其实，姜太公钓的不是鱼，而是周文王。

在今天的社会中，我想问，就个人能力而言，用直钩钓鱼现实吗？别说用直钩钓鱼，即使用曲钩钓鱼，如果不放“超级鱼饵”的话，也是很难钓到鱼的。

没有任何微商经验的朋友，错误地认为只要刷朋友圈就能赚钱，殊不知你这样做，未来肯定会像姜太公用直钩钓鱼一样，一条鱼都钓不到。

可见，钓鱼一定要放诱饵。可是，现实中，99%的微商加好友从来不放诱饵，或者放的是很烂的诱饵。这样能钓上来鱼吗？我觉得不太现实。

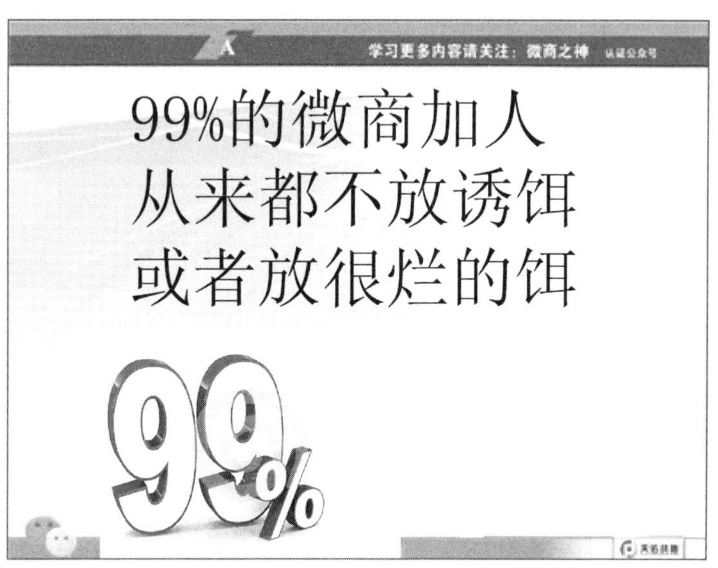

如果你想精准地找到大量的精准客户，并且让精准客户主动加你为好友，一定要准备有足够诱惑力的诱饵。试问，没有诱饵的话，你把鱼钩丢到鱼池里，多久才能钓上鱼来呢？可能一天、一周、一个月，甚至一年，你都无法把鱼钓上来。

分阶段做微营销，增大成功概率

用微信营销号加好友分为三个时期：养号期（0 ～ 20 岁）、销售期（21 ～ 60 岁）、招募代理期（60 岁以上）。这三个时期通常也被称为微信营销号加好友的三个阶段。

第一个阶段叫养号期，相当于一个人 0 ～ 20 岁的阶段；

第二个阶段叫销售期，相当于一个人 21 ～ 60 岁的阶段；

第三个阶段叫代理招募期，相当于一个人 60 岁以后的阶段。

养号期

大家都知道，养儿是为了防老。如果今天你养了一个小宝宝，你要给他喂奶，喂饱之后，把他放到床上，你会不会对小宝宝说："喂饱了，你马上干活赚钱去。"我认为不会有人对刚出生的小宝宝这样说的。你一定是抚养他、教育他、关心他，等他长大成人，有能力赚钱来孝敬父母的时候，再让他去干活、赚钱。

今天，你建一个微信号，同样也不可能加几个好友就开始做微商了。这样做，你也很难把微商做起来。在你的微信号加到一千位精准客户之前，千万不要做任何与营销有关的事情。当你的微信号有了一千位精准客户之后，你再推送产品广告，开展营销，才会收到非常好的效果。

在微信营销号养号期内，你的头像、专业昵称、个性签名、相册封面，以及朋友圈发布的内容都要极具吸引力，直扣主题，这样才能使精准客户获得相应的好处和实惠。养号期间，千万不要有任何营销痕迹，这样才能让你的微信营销号顺利地从 0 岁长到 20 岁。

在养号期内，应以快速吸引精准客户为最高准则，你的头像、专业昵称、相册封面、朋友圈内容，至少要再吸引一千位精准客户之后，才转入下一个阶段，正式开展产品销售。

我们吸引精准客户主动加我们的方式有很多。

比如，我有一名学员的微信昵称叫作“北京人脉姐”，她就是靠大量地帮好友添加粉丝，也就是推广来获利的（见第 47 页图）。虽然她是做微信推广的，但是她的朋友圈里都是其他朋友的推荐。她的微信号，一般 15 至 20 天就可以加满 5000 个好友，接下来，她会换另一个微信号。这样累积精准客户，速度是非常快的。

销售期

销售期就相当于一个人 21 岁至 60 岁的阶段。这时候，你要以大量销售产品为最高准则。你的头像、专业昵称、封面相册、朋友圈的内容等都要为销售产品服务。

当你的月收入达到 5 万元以后，就可以转入下一个阶段了。

代理招募期

代理招募期相当于一个人 60 岁以后的阶段。这时候，你要以大量招募代理商为最高准则。这时候，你的头像、专业昵称、封面相册、朋友圈的内容要为招募代理商服务。

如果你能跟有系统的公司合作，代理招募这个阶段可以提前进行。因为整个系统非常流畅之后，对你招代理商、加盟商会有很大的帮助。

学习更多内容请关注：微商之神
详细资料
北京人脉姐
区域以及本人照片
2、不推荐产品以及代购，可以晒名片推荐
3、推荐完全免费，相互推荐，每日之星可以荣登人脉推荐公众微信平台rm8090 得数十万粉丝关注
今天
邵俊熙，1987年，来自紫砂古都江苏宜兴，经营一家商务旅店，还承接电线电缆业务，我的兴...
昨天
募捐的过程中充满了感动 那么多陌生的朋友都纷纷向孩子们伸出援助之手，每一份力量都是...
【北京人脉姐推荐】大家好，我叫娟子，我来自湖南邵阳，我的职业是烟花爆竹个体经营者，...
聊天详情
详细资料
北京人脉姐
发消息
视频聊天

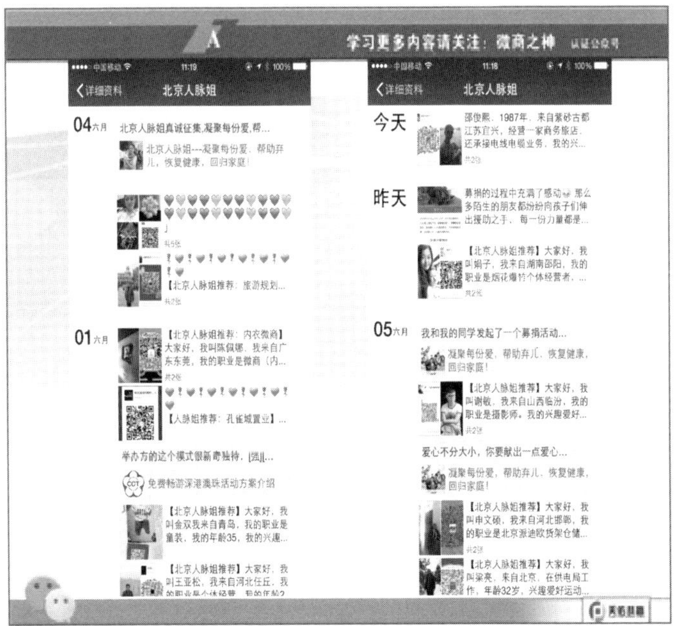
学习更多内容请关注：微商之神
详细资料
北京人脉姐
04六月
北京人脉姐真诚征集,凝聚每份爱,帮...
北京人脉姐---凝聚每份爱，帮助弃儿，恢复健康，回归家庭！
【北京人脉姐推荐：旅游规划...
01六月
【北京人脉姐推荐：内衣微商】大家好，我叫陈佩娜，我来自广东东莞，我的职业是微商（内...
【人脉姐推荐：孔雀城置业】...
举办方的这个模式很新奇独特，[强]...
免费畅游深港澳珠活动方案介绍
【北京人脉姐推荐】大家好，我叫金双我来自青岛，我的职业是童装，我的年龄35，我的兴趣...
【北京人脉姐推荐】大家好，我叫王亚松，我来自河北任丘，我
今天
邵俊熙，1987年，来自紫砂古都江苏宜兴，经营一家商务旅店，还承接电线电缆业务，我的兴...
昨天
募捐的过程中充满了感动 那么多陌生的朋友都纷纷向孩子们伸出援助之手，每一份力量都是...
【北京人脉姐推荐】大家好，我叫娟子，我来自湖南邵阳，我的职业是烟花爆竹个体经营者，...
05六月
我和我的同学发起了一个募捐活动...
凝聚每份爱，帮助弃儿，恢复健康，回归家庭！
【北京人脉姐推荐】大家好，我叫谢敏，我来自山西临汾，我的职业是摄影师。我的兴趣爱好...
爱心不分大小，你要献出一点爱心...
凝聚每份爱，帮助弃儿，恢复健康，回归家庭！
【北京人脉姐推荐】大家好，我叫申文硕，我来自河北邯郸，我的职业是北京派迪欧货架仓储...
【北京人脉姐推荐】大家好，我叫梁亮，来自北京，在供电局工作，年龄32岁，兴趣爱好运动...

零成本打造超级“诱饵”

很多朋友可能会问：诱饵是什么？难道我们要捉“蚯蚓”给“鱼”当诱饵吗？当然不是，这里的“诱饵”是指让精准客户主动加你的理由。

那么，精准客户为什么要主动加你为好友呢？因为加上你之后，你能够给精准客户带来好处和利益。

第一，可以用礼物或者赠品做“诱饵”。

比如，你可以把产品的试用装、免费精美礼品作为诱饵，也可以把一些民族手工艺品作为诱饵，来吸引你的精准客户群，让精准客户主动加你为好友。

有人会说：“李老师，这些东西虽然没花费什么成本，可是我们要发快递的话，费用也是蛮大的。诸如，免费的精美礼品、民族手工艺品等产品成本可能不太高，一件快递少则三五元，多则七八元就够了。但如果大量地发出去，快递费也不少呢！对我来讲，做微商可能没有这个预算。”

其实，这些都不重要。在讲微商之前，我主要研究的是零成本营销，在这个领域，我研究并实践了6年。

所谓的零成本营销，就是我如何不花钱或者花少量的钱做好营销工作，甚至做到比花很多钱做营销效果还要好。

我有“零成本营销创始人”这样一个微信号，我会与你分享零成本营销的知识和经验。你应该站在精准客户的角度去思考，客户需要什么样的产品，什么样的“诱饵”对客户更有吸引力。

第二，可以让精准客户获得丰富的线上、线下知识。

比如，你可以给精准客户提供线上学习的机会，也可以在线上为客户提供学习知识的资料（包括学习的音频、视频等）。

第三，可以给精准客户创造许多实现自己愿望的机会。

这些机会包括邀请精准客户进入高端群，参加线下举办的沙龙、聚会活动等。如果你拥有丰富的资源，也可以安排精准客户与相关行业的名人见面交流。这些都是非常棒的“诱饵”。

打造这些“鱼饵”不需要你投入太大的成本。

总之，做微商，你一定要为精准客户准备充足的超级“诱饵”，否则你将一无所获。

找到精准客户所在的“大鱼池”

当你准备了足够的超级诱饵之后，下一步就是要找到精准客户所在的“大鱼池”。我认为，这些“大鱼池”主要分布在主题 QQ 群、各种主题论坛以及异业互推等平台上。

主题 QQ 群

如果你是化妆品、护肤品等方面的微商，那么你会发现一个非常棒的精准客户“大鱼池”——主题 QQ 群，比如美容类的 QQ 群、化妆类的 QQ 群。其女性成员都是比较爱美的，一般她们对化妆、

美容、护肤等话题比较感兴趣。只要能找到这样主题的QQ群，群里面大多数女性都是你的精准客户，这样的群就是你要找的精准客户“大鱼池”。

各种主题论坛

继续以化妆品类的微商为例，各种美容论坛也是你的精准客户“大鱼池”，比如天涯论坛、豆瓣论坛、美容化妆品论坛等。很多爱美的女性会因为自己对化妆美容知识了解得不够多，而到专业论坛浏览与化妆美容相关的帖子，提升自己化妆和护肤方面的能力和学识，从而使自己在与其他爱美女性交流的时候有话可说。可见，主题论坛也是你的目标客户“大鱼池”。

异业互推

有一个非常棒的目标客户“大鱼池”通常会被忽略掉，这个大鱼池叫作异业互推。

> 所谓的异业互推，就是这个人是卖箱包的，那个人是卖手表的，他们通过分享市场营销中的资源，降低成本，提高效率，增强市场竞争力。

其实，本来二者在业务上没有任何关联，但他们可以在微信上互推对方的商品。比如，卖箱包的人可以推荐自己的朋友去买卖手表的人的手表，卖手表的人也可以推荐自己的朋友去买卖箱包的人的箱包。

我认为这样做是完全可行的。因为这样的客户群体首先是能够接受微商的销售、愿意接受微商营销的人。

除了上面介绍的一些可以“捞鱼”的“大鱼池”外，还有哪些可以“捞鱼”的“鱼池”呢？其实，还有一个非常重要的地方适合“捞鱼”，那就是微信群。你可以把做好的文档、音频和视频链接发到自己的微信群里，群里有需求的好友自然会对你感兴趣，进而主动加你为好友。

只要喜欢动脑，你还会发现和创造出更多让精准客户主动加你为好友的方法。

超级“诱饵”加大网“捞鱼”而不“钓鱼”

获得客户的策略是用超级诱饵加大网捞鱼，而不是钓鱼。

钓鱼是什么概念？钓鱼，就是我拿着鱼竿、雨伞、鱼凳和鱼篓到河边、江边或湖边去钓鱼。即使你带着非常好的鱼饵，你能保证自己会钓到很多鱼吗？没有人能做这个保证，因为钓鱼是无法保证成功率的。

其实，你不要总想着钓鱼，你应该思考如何找到一张大网去精准客户“大鱼池”捞鱼。

即使捞鱼也要学习捞鱼的方法和技巧。如果你到普通的河边、江边或湖边去捞鱼，你很有可能捞不到鱼。

到底应该去哪里用大网捞鱼呢？其实，可以看一看谁家鱼池里的鱼又多又大又肥，你到这样的鱼池里捞鱼，肯定能捞到不少鱼。做微商，一定要选择用大网捞鱼而不是钓鱼。

很多朋友会疑惑地问:“李老师，去人家的鱼池里用大网捞鱼，要给人家钱吗？如果我不给人家钱，偷偷用大网捞鱼的话，被发现了肯定会被人家打骂的，而且很有可能我还没撒出网就被人家逮住了。”在后文中我会详细介绍如何用大网捞鱼，不但可以让你不花钱捞到“大鱼”，而且绝对不会挨骂挨打，“鱼池”的主人会高高兴兴、客客气气、恭恭敬敬地让你经常免费到他的“鱼池”用大网捞鱼。

要点集结

◎精准客户的数量决定着微商的生与死。你主动添加一百位好友，不如一位精准客户主动加你为好友。

◎没有投入就没有收获,没有付出就没有回报。不放“鱼饵”，你是不可能钓到“鱼”的。

◎在你的微信号加到一千个精准客户之前，千万不要做任何与营销有关的事情。当你的微信号有了一千个精准客户之后，你再开展产品营销，会非常有效。

◎零成本营销，就是不花钱或者花少量的钱去做营销工作，通过创意和想法去产生良好的产品销售结果。

◎不要总想着“钓鱼”，因为“钓鱼”是无法保证成功率的。你要学会用超级“诱饵”加“大网”在精准客户“大鱼池”中“捞鱼”。

CHAPTER 5

让客户崇拜你，才能轻松赚大钱

做微商首先要熟知人性

在这个世界上唯一不变的是大部分人都有贫穷的思想。

什么是贫穷的思想？其实就是贪婪。

我经常到全国各地讲课，每到一个城市，我都会抽时间去游览当地的名胜古迹。印象最深的是山东省曲阜市的“三孔”（即孔府、孔庙、孔林），尤其是孔府的一些历史典故，比如大家熟知的“见不善如探汤”“冷板凳”“戒贪图”等。

在此我简要介绍一下“戒贪图”。孔府是一座住宅与官衙合一的建筑，在住宅与官衙分界处有一道内宅门，门里面有一幅特殊的彩色壁画，上面画了巨兽，这个巨兽的名字叫作“贪”。壁画中，“贪”的四周布满彩云，彩云中全是被它占有的宝物，但“贪”并不满足，仍张着血盆大口，妄图吞下太阳，结果因“贪”得到的宝物太多，难以承载，落了个葬身大海的下场。这就是孔府著名的“戒贪图”，绘于明代。此画画在内宅门背面，出门就可以看见，用意非常明显，就是借“贪”的丑恶形象告诫子孙不要太贪婪。

贪是人性的弱点，做微商首先你要了解人性的弱点，戒掉贪婪之心。

有舍才有得，舍多得多

为什么世界上富有的人总是少数？因为只有少数人懂得付出，知道什么是真正的舍得。其实，孔子在《论语》里给我们总结出一个字，那就是“仁”。没错，就是左边一个单立人，右边一个二。这个“仁”字怎样解释呢？仁字从二不从三，就是要化掉人心，只怀天地心，以天性善良、地德忠厚的心来为人处世，即有博爱心、包容心，自会产生仁爱心。

人在这个世界上一定离不开分配法则。所谓分配法则，就是如果你想分配得多一点，你就要站在下边；如果你想高高在上的话，就要少拿一点。

我常说：舍得就是大舍大得，小舍小得，不舍就什么也得不到。你在寻找精准客户的时候，也应该懂得“舍得”。特别是你在跟客户合作，跟异业微商合作，到别人的“大鱼池”里去“捞鱼”的时候，懂得运用舍得之道会给你带来更多的收益。

懂得舍得之后，你要考虑以下几个重要问题：你的精准客户在谁那里？你如何找到大量拥有你的精准客户的人？如何才能让他们愿意与你合作？

大家都知道红顶商人胡雪岩，他是一代巨富，当时他的店铺开遍全国，实现了货通天下。有一天，他去巡视自己的一间店铺，此店铺的对面是一条河，河上有一座桥，他站在桥上看到来来往往的商船，不由得感慨："天下熙熙皆为利来，天下攘攘皆为利往。"

懂不算什么，做不到还不如不懂。知道不重要，重要的是你真正能做到。真正的舍得，不是你在脑子里想，也不是你在嘴巴上说，而是你真正做到。

我认为，这个世界上最吸引人的就是"利"，只要你能让对方获得打动他的"利"，对方就会与你合作。

钱不是赚来的，是修来的

我一直倡导这样的理念：钱不是赚来的，是修来的。

如何找到大量的合作伙伴，让他们把自己的"大鱼池"无偿地提供给你？关键在于你要学会用利益去吸引他们、用真诚去感动他们、用友情去融化他们。

你一定要先跟他们交朋友，而要想快速成为好朋友，你一定要懂得付出。你跟他们成为非常好的朋友之后，他们才会让你在他们的“大鱼池”里无偿地“捞鱼”。

你用自己的真诚感化他们，你们的友情就会快速地进化、快速地提升，这样你才能在更多的“大鱼池”里面免费“捞鱼”。

在异业微商之间互推的过程中，需要注意一个很重要的问题。假如你在做微商，我帮你推广，你至少要把相关的图片和文字发给我，这样，我就能帮你把相关的图片和文字发到我的朋友圈里。如果现在我说：“给你30秒的时间，你能把图片和文字发给我，我就帮你推广；超过了30秒，我就不帮你推广了。”虽然这只是假设，但是有多少朋友能在30秒内把相关的图片和文字发给我呢？我想很大一部分朋友没有准备相关的内容。所以，你就一定要尽早尽快把文字内容和图片内容准备好，以备不时之需。当有人愿意帮你推广的时候，你就能在第一时间把文字和图片提供出来。如此，将会有很多异业微商的朋友乐意帮你做产品推广。

提升专业性，成为微商大咖

精准客户不用太多，如果你的精准客户有一千人的话，那么让这一千人都喜欢你、信任你、崇拜你，请问你的利润会不会节节攀升？怎么才能让精准客户群喜欢你、信任你，甚至是崇拜你呢？

首先，大家要累积大量高品质的超级“诱饵”。高品质的超级“诱饵”在哪里呢？你一定要知道一个地方，那就是百度文库。

由于百度文库的内容信息量大，且很多都是专业人士上传的，相对来说比较专业。例如，在百度文库里搜索“护肤秘籍”，往往会跳出各种各样的内容。

当你搜到了孙俪或者是范冰冰扮演的宫延剧里娘娘们的护肤秘诀，我相信很多人会对这样的护肤秘诀很感兴趣，特别是那些爱美的女性一定特别想了解明星是怎样护肤的。把这些内容稍加整理，稍加改变，完全可以成为吸引目标客户的超级“诱饵”。

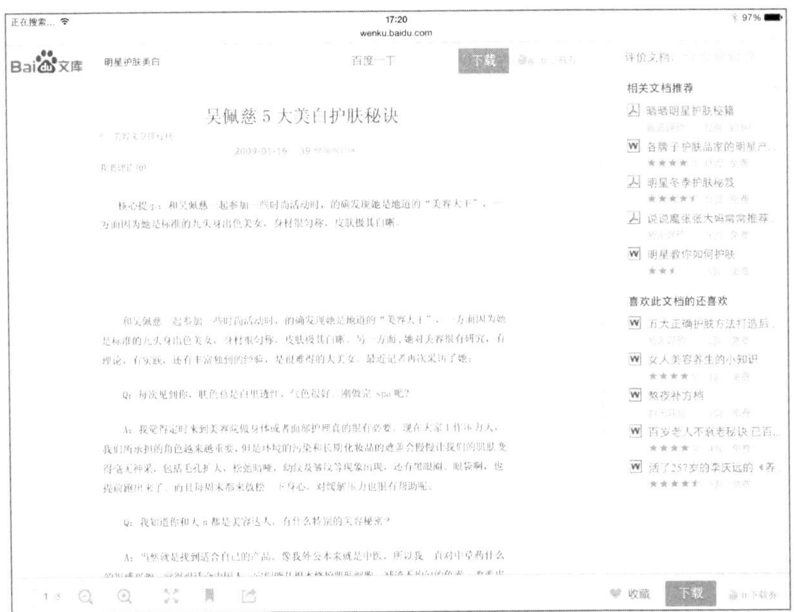

类似这样的超级“诱饵”你还可以准备很多。比如，“美容大王”大S是怎样护肤的；明星吴佩慈的5大美白护肤秘籍；50多岁的张曼玉为什么还能有那么好的皮肤、那么好的状态等。再比如，为什么男神谭咏麟已经60岁了，但看起来像40多岁的样子。这些都是你制造“诱饵”的素材。

> 微商的最高境界，就是让精准客户喜欢你、信任你，甚至崇拜你，从而让利润追着你跑。

如果你能把百度文库中的素材根据自己的需要进行提炼和加工，就能打造富有吸引力的“诱饵”。

快速打造客户崇拜三大招

将实用的秘籍重新编辑整理，做成文档并配美图上传

打造客户崇拜第一招，就是把准备好的“诱饵”重新编辑整理，配上图片，最好能配上明星非常漂亮的图片，然后上传到QQ群的群文件中，也可以直接分享到QQ群里，还可以上传到大的主题论坛、百度文库、百度贴吧等平台上。

在整理这些“诱饵”的过程中，千万不要忘了“诱饵”当中至少要留三个你的微信号，至少一次强烈推荐读者添加你为微信好友。要强调，他们加你为好友，可以学到更多的专业知识，也可以强调你有类似这样“鱼饵”的文档大礼赠送给他们。

将实用的秘籍重新编辑加工，做成音频上传

现在手机上有很多电台App，比如荔枝FM、跑火车电台、微电台、豆瓣FM、喜马拉雅等。打造客户崇拜第二招，就是你把实用的秘籍重新加工成音频文件上传到这些电台。

只要内容足够好，就能吸引大量的粉丝来倾听你精心准备的音频文件。当然，在你录制音频的过程当中，至少要跟大家分享三次你的微信号，并且至少有一次强烈地邀请粉丝们添加你为微信好友。

将实用的秘籍重新编辑整理，做成视频上传

现在的智能手机功能越来越强大了。我们的手机最初只有两三百万像素，可是，现在像素已经上升到八百万、一千万，甚至更高。也就是说，现在拿手机录像、摄影已经没有任何问题了。

打造崇拜第三招，需要你把实用的秘籍重新加工成视频文件。

学习更多内容请关注：微商之神
上传到视频网站
PPTV
PPLive旗下网站 www.pptv.com
迅雷看看
www.kankan.com
网络高清影院
迅雷看看大不同
www.kankan.com
56.com 我乐
分享视频 分享快乐
iQIYI 爱奇艺

学习更多内容请关注：微商之神
上传到视频网站
酷6 Ku6.com
品牌标志概念阐释
土豆网 tudou.com
每个人都是生活的导演
YOUKU 优酷
腾讯视频

现在，几乎每个人都有一部智能手机。你只要会用手机录制视频，把实用的秘籍录制成相关的视频，然后上传到优酷土豆、酷6、腾讯视频、迅雷看看等视频网站，同样可以吸引海量的粉丝。

在优酷土豆、酷6、腾讯视频等视频网站上，很多“草根”阶层的人上传的视频文件很轻松就可以突破一百万的浏览量，达到三五百万，甚至更高的浏览量。如果能在这样的视频当中出现三次自己的微信号，并且至少有一次强烈推荐他们添加你为好友。那么，即使是百分之一，或者有千分之一的看到视频的人主动添加你为好友，恐怕一个微信号瞬间就加满好友了，并且这些好友，在添加你的过程中就已经开始认同你、喜欢你，甚至是崇拜你了。

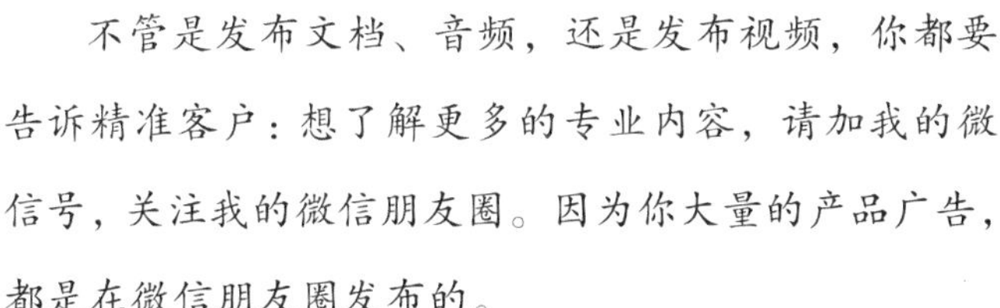
不管是发布文档、音频，还是发布视频，你都要告诉精准客户：想了解更多的专业内容，请加我的微信号，关注我的微信朋友圈。因为你大量的产品广告，都是在微信朋友圈发布的。

有些朋友说：“我实在不会，我勉强可以把它变成文本文件上传到各大贴吧、论坛。但我普通话不标准，没有办法录音频，更没有办法录视频，这可怎么办？”

其实，最简单的办法是你可以把一些老师讲的培训视频上传到各大视频网站，借船出海、借鸡生蛋。此外，你也要加强学习。要做成功的微商，不断地学习是必不可少的。

要点集结

○ 面对金钱能舍才能得，面对诱惑不贪才能赚。

○ 当你真正把自己修炼得非常好的时候，利润就会像潮水一般向你涌来。

○ 微商的最高境界，就是让精准客户喜欢你、信任你，甚至崇拜你。

○ 你可以把一些老师讲课的视频上传到视频网站平台，借船出海，借鸡生蛋。

CHAPTER 6

自己挖一个精准客户大鱼池

挖一个自己的鱼池：建本地群

自己挖一个大鱼池，就是你不再去别人的鱼池捞鱼，而是自己挖鱼池养鱼，自己经营，从中获利。

应该挖一个什么样的鱼池呢？这个鱼池就是微信群。你自己建的微信群就是你要经营的大鱼池。很多朋友会说："李老师，你讲的自己建微信群我知道怎么做，而且我自己也在用。"别着急，我要告诉你的是，你用的微信群和我建的微信群可能是不一样的。

我自己建微信群从来不建泛泛的群，建的都是主题非常明确的本地群。

什么叫本地群？就是进到群里的好友都是长期生活或工作在同一个地方的人。比如，我生活在北京，我建了一个本地群，群里有 500 位好友，那么这 500 位好友都是长期生活或工作在北京的人。如果你销售的是化妆品，而且你常住北京，你就可以建一个以化妆品为主题的本地群。

本地群这个概念强调的前提条件是本地，不满足这个条件，根本无法进入到本地群里。为什么要建本地群？有经验的人都知道，本地群比普通群的凝聚力强很多。

如果群里举办线下聚会等活动的话，那么本地群相对来说组织起来会更方便，更容易做到。因此，学会打造自己的本地客户群很重要。

比如，我们可以建一个本地妈妈群，群名叫“美女妈妈更爱美”；我们也可以建一个美女群，群名叫“只加美女”。这些本地微信群的小标题、群名称的设计都是有一定技巧的。就拿美女群“只加美女”来说，如果你是一个美女，你看到这个群之后，想不想进来？你本意可能不是要进到群里做什么，你只是想证明自己是美女，所以你会进入这个群。

你的主题对了，结果就对了；如果你主题设计不好，运营起来就会遇到很多麻烦。

建本地群具体都有哪些好处？

第一，本地群的成员会加倍珍惜这样的机会，因为本地群不容易找。你可以翻一下自己的手机微信，看看自己有几个主题本地群。我敢说，大多数人没几个本地群，甚至有些人的手机中根本就找不到本地群。

第二，本地群非常方便，可以经常举行线下聚会。为什么要举行线下聚会？俗话说“见面三分情”。其实，在线下聚会的时候，群主会显得更有威望，并且在聚会的时候，成交客户一定会比平时更多。聚会之后，客户会更容易对群主的产品产生信赖感，更容易让客户在朋友之间形成产品转介绍。

第三，你建一个本地群，发展客户会变得相对轻松一些，你在群里招代理商也会变得更容易一些。聚会之后你可能更容易开设分支群，团队复制也会更轻松、更简单。

做好群定位，精准客户自动上门

你在建微信群的过程中，首先要明确定位微信群，即确定建这个群是做什么的。

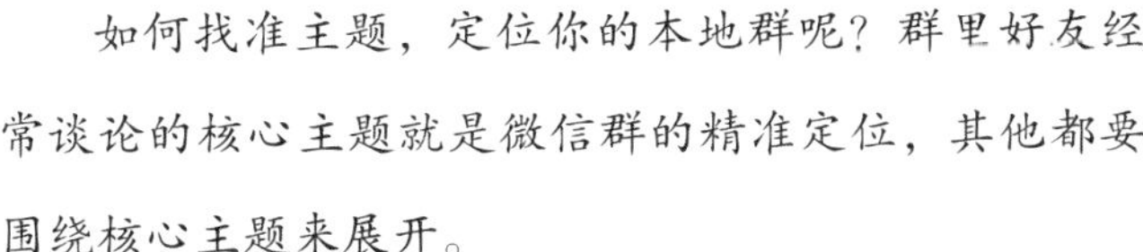

如何找准主题，定位你的本地群呢？群里好友经常谈论的核心主题就是微信群的精准定位，其他都要围绕核心主题来展开。

主题群之美女吃货群

我们可以在本地建一个微信群，起名“美女吃货群”。“美女吃货群”，顾名思义：首先进到这个群里的都是美女，其次都是喜欢美食的。很多人可能在想会不会有很多女孩子都喜欢美食？会不会有很多女孩子都喜欢在这个群里互动交流？

假如你是一个美女，同时又是一个吃货，那你是不是非常希望进入这个群。进入这个“美女吃货群”，大家可以一起去品尝美食，还可以在群里图文并茂地分享你吃到的美食，本市的美食都在哪里，等等。你可以在群里约微信好友一起吃大餐，还可以周末一起到餐厅举办群欢乐聚会等。群的定位一旦确定下来，就可以吸引到很多喜欢美食的美女加入“美女吃货群”微信群当中。

主题群之美女时装群

你也可以组建“美女时装群”。在“美女时装群”中，大家可以分享自己最喜欢的时装款式，也可以分享自己在哪里买的衣服很漂亮。如果群里有五百位喜欢时装的美女，大家一起约好到某家服装店去购买服装，可不可以享受一个很有诱惑力的折扣或者优惠呢？

如果我是这家服装店的老板，你作为“美女时装群”的群主跟我说：“我现在有一个群，我们群里有五百人，我们会来二三十人选购你店里的服装，你能不能给我们一个很优惠的折扣？”我作为服装店的老板一定会给你们提供一个很诱人的折扣，而且我相信大部分的服装店老板也都会这样做的。这会使你的群产生更大的凝聚力，形成更大的磁场。

当然，你也可以在周末找个场地，组织群里的美女们举办时装表演活动。通过举办这样的活动，进一步增加“美女时装群”的存在感、活跃度、吸引力和凝聚力。

主题群之美女魔鬼身材群

你还可以建一个主题叫“美女魔鬼身材群”的微信群。这样的群里是不是有很多美女想把自己的身材打造成像魔鬼一样充满诱惑？你可以在群里分享瘦身经验、塑身秘籍，你也可以约好友一起团购瑜伽瘦身、健身会员卡，大家也可以在周末一起举办舞蹈表演、健身体操等活动。

当你把这些事情做完之后，你会发现，群里的成员变得越来越有凝聚力了，而且群的发展也越来越快。这就意味着越来越多的客户喜欢你、信任你、认同你，甚至是崇拜你了。

主题群之美女户外郊游群

你还可以建一个微信群叫“美女户外郊游群”。大家可以在群里分享郊游时拍到的郊外美景，哪里的景色非常漂亮，哪里的郊区非常好玩，大家可以约个时间一起去郊外旅行。如果一起团购门票的话，还可以享受到团体购票的打折和优惠。

只要群友凝聚在一起，就会变得非常有力量。群主可以通过周末一起郊游，增加群里好友对你的信任、支持，甚至是崇拜。

主题群之美女宝妈交流群

如果你是一个“美女宝妈”，那么，你也可以组建一个“美女宝妈交流群”。在群中，大家可以分享育儿秘籍，比如如何照顾宝宝，给宝宝喂食要注意什么，等等。

现在的女孩子结婚生宝宝，越来越不知道如何照顾自己和宝宝了，因此，可以在群里互相分享育儿经验，约群友一起互换儿童用品。这样的群能为群里的美女宝妈们提供极大的便利。

比如有些孩子玩的玩具还能用，但自己的孩子用不上了，这并不代表玩具没有价值了。这时候，你就可以在群里发图片与其他“美女宝妈”交流互动，也许还能让玩具在其他“美女宝妈”那里变废为宝。

另外，你也可以组织“美女宝妈”周末欢乐大聚会，让“美女宝妈”们把可爱的宝宝们抱到一起玩，让“美女宝妈”们充分体验群体的欢乐。这样的“美女宝妈”交流群，一定会使越来越多的人“路转粉”，对群主产生好感、信任，甚至是崇拜的。

主题群之同城微商交流群

既然你是做微商的，当然也可以建个主题叫作“同城微商交流群”的微信群。你可以在群中分享微商经营秘籍，也可以约好友交流微商经营的经验和技巧。

可能有些朋友会想，约微商的话，约不约自己的代理商呢？如果约代理商，代理商被其他做微商的抢走了怎么办？你不要只想着不好的结果。当群里的代理商、其他微商来到现场的时候，有没有可能都成为你的潜在代理商呢？你有天然的优势，因为你是群主，是活动组织者、是主角，这就要求你把自己的魅力展现出来。这样，在以后举办类似活动的时候，你就能熟练地把更多的代理商转变成自己的代理商。

建群前必须做好六件事

建本地群之前应该做哪些准备呢？根据我的经验，我建议你从以下六方面着手：

准备一个群介绍

你要准备一个群介绍，告知好友这个群的功能，进群的好处，这个群的发展方向。这些群介绍模板，我会在“微商之神”公众号中免费提供给大家。你关注我的“微商之神”公众号之后，就可以查找到相关资料。

准备一个群通知

在建群拉人的过程中，一定不是你自己去拉 500 人，前期你只要拉 40 人就可以了，后边的 460 人，是靠着你拉的 40 人拉进来的。你拉人进群之前，如果你在群通知中没有说清楚为什么只能拉本地好友进群，有可能有的好友会把天南海北的朋友都拉进来，结果这个群就乱套了。

即使你在群通知中说得很清楚，也还是会有好友把外地的朋友拉进群里。在这个过程中，你一定要了解一个概念，叫作“事前讲是说明，事后讲就是解释”。

请问：你喜欢听别人解释吗？大家都不喜欢听。你的好友、你的目标客户，也不喜欢听你的解释，所以你要把事后解释变成事前说明。你要告诉进群的好友，如果他拉外地的朋友进来，你也会定期移出外地的好友。这时候，你把好友拉进来的外地朋友从群里移出去，好友也不会有什么异议，因为你已经事先告诉过他了。

介绍本地群的“福利”

所谓介绍本地群的“福利”，就是告诉大家加入这个群可以获得哪些好处。比如，你要组织见面会、沙龙等各种各样的活动，如果大家喜欢的话，大家会在你这个群里踏踏实实地待下去；如果大家体验非常不错的话，则有可能把自己的朋友拉进来分享这里获得的好处。

制定相应的群规

什么叫群规？群规就是告诉好友在群里什么事绝对不可以做。有的朋友可能会问：需不需要告诉群里的好友什么事可以做？我认为，你只要把不可以做的事情说清楚，剩下的自然就是可以做的了。当然，你也可以以群规的方式告诉群里的好友，提倡大家做什么事情，如果大家做了提倡做的事情，就可获得相应的奖励或激励。

把不可以做的事说清楚之后，还要说清楚做了不可以做的事之后，将会受到什么惩罚，这种群规叫作处罚式群规，与激励式群规相对应。

比如，群规中有一条是不允许大家在群里发广告，有的好友发一次、两次广告，可以不把他移出去，但如果发第三次广告，你就应该毫不犹豫地把他移出微信群。群规制定后，一定要呼吁大家互相监督，共同遵守。

招募副群主管理群

在建群过程中，你一定要学会借力。借谁的力呢？当然是借群里全体成员的力。毕竟一个人的力量是有限的，而且你不可能 24 小时都盯着微信群，人多力量大，你一定要懂得借助大家的智慧和力量。

在建群初期，你就要考虑招募副群主。招募副群主之前，要把副群主轮流值班的制度、副群主需要做的事情、副群主能得到的好处等等发到群里面，那些愿意付出、想当领导、想管事的人就有可能涌现出来。

因为有副群主轮流值班，所以你每天不用花费太长时间去盯着群，也可以把整个群管理好、维护好。

一个微信群至少要有三位副群主。如果你能找到三位热心的副群主，就会有四个人花费相应的时间和精力主动管理这个群，带动这个群，因此比一个人管理这个群更有效。

招募群秘搞活动

你一定要会招募群秘（最好是女生），可能有人会问：群秘是做什么的？他们发挥的也是维持整个群秩序的作用，同时发挥提高群活跃度的作用。你要写清楚做群秘有什么好处，同时要制定明确的群秘值班制度。

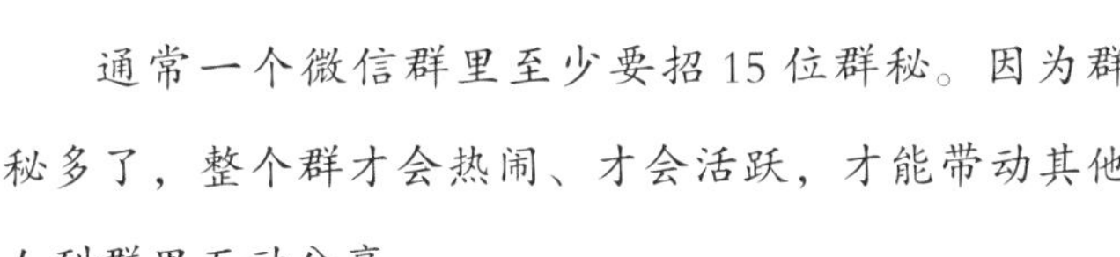

通常一个微信群里至少要招15位群秘。因为群秘多了，整个群才会热闹、才会活跃，才能带动其他人到群里互动分享。

我通常都是招15～20个群秘，只要看到谁在群里发广告，就@他，让他发红包。

如果你只有一个群的话，你自己尚能应付。如果你有十几个群，甚至几十个群的话，你要找到经常在群里发广告的人，把他移出去，简直就是大海捞针，非常困难。如果你的群里有群秘监督群里的好友，发现谁发广告就联合所有的群秘一起@他，让他发红包，用不了几次，要么他自己退群，否则就把他移出去；要么他就变得老实听话，不乱发广告了。

拉熟人入群，为成为成功微商奠基

如何组建本地群？你可以先建一个40人的微信群，拉熟悉的、活跃的好友进来，然后在群内通过自我介绍，呼吁大家支持你。这时候，你先把群介绍发到群里，再把群通知发到群里，一段时间之后，可以把成熟的群规发到群里。群介绍、群通知、群规发完之后，可能会有好友支持，也可能会有不认同的好友反对。你把反对的好友请出群，然后再补足40人，直到40人都认可和支持你，才可以进入下一个阶段。

接下来，你要做的是将群里的40人扩展到100人。怎么扩展到100人呢？请每位好友拉2个他熟悉的朋友进来，那么就能拉80人进群，所有人加起来就是120人。

当群成员达到100人之后，你要给大家一个阶段性的激励，发一个100人人人有份的大红包。这个红包是一定要发的。如果你承诺群成员发展到100人时会发红包，却没发的话，此时有一个好友在群里说你没信誉，群可能就散掉了，而且大家还会说群主是骗子，你也就失去了大家的信任。

还有一种情况是，红包虽然发了，可是大家打开红包一看，只有几毛钱，甚至有的人只抢到几分钱，这样的红包不如不发。你建群的目的是为了让大家喜欢你、信任你，甚至崇拜你，如果你这么吝啬的话，大家怎么可能会喜欢你，信任你。

当群成员发展到100人的时候，你可以发一个200元的大红包，大家抢到红包之后，每位群成员拉2个好友进来，群就能成为300人的群了。此时，你再发一个大红包，扩展到500人是很轻松的。建本地群，你一定要懂得主动付出，前期的付出和舍，是为了获得更多的好友支持，是为了更大的得。

作为群主，你发的是红包，收获的则是大家的信赖。大家通过抢红包，感受到收获的喜悦，瞬间会对你肃然起敬，认为你是一个懂得付出的群主，和你在一起大家会觉得很靠谱。

另外，你要定期推送群规和群介绍，特别要注意定期清理群里的两类“好友”。一类是跟你卖同类产品的竞争对手，发现之后，一定要马上温柔地请出，并跟对方说清楚，这个群是用来开发客户的，所以非常抱歉，浪费了他的时间，同时也感谢他对自己的支持，因为你确实没有办法让他长期留在这个群里。另一类是发垃圾广告的，尤其是发色情广告的“好友”，你要第一时间清理出去，绝不手软。如果你容许这两类“好友”在群里，那么喜欢你、信任你的好友就很有可能会选择自动退群。

不是说没有广告的微信群一定是好群，也不是说经常发广告的群就一定是不好群，你可以根据群的实际状况制定发广告的规则。比如，在群里，你可以规定每个人一天最多可以发三条软广告，而且只能在某个时段发。你也可以规定一天每个人只可以发一条广告，并且每发一条广告必须附带一个至少10元的红包给群成员。制定并严格执行这样的规定，你的群才能健康、长久地运转下去。

通过管理活跃群，崇拜利润双丰收

如何管理活跃本地群？

在管理本地群的过程中，你要定时搞活动，搞气氛。大家应该知道微信里的“红包接龙”游戏，虽然现在有点过时了，但是这却是活跃群的一个有效方法。

最近，微信群里有一个新流行的游戏，叫群内拍卖，也非常好玩。群内拍卖就是把你今天要推广的产品，做一个正拍或者倒拍。

正拍就是充分介绍产品之后，请群内的好友加价，加到一定高度没人再往上加的时候，就把这个产品拍卖给出价最高的好友成交。

倒拍则是按照产品的原价，每3分钟（可以灵活设置时长）降一个价位，若干个3分钟之后，拍卖给最先喊合适价位的那个好友成交。比如，一件卖500元的产品，每隔3分钟下降30元，这样过3分钟这件产品的价格就变成470元了；再过3分钟产品的价格就变成440元了；再过3分钟，产品的价格就变成410元了。在未来的3分钟内，有好友喊出410元，那么这个产品就归喊出410元的好友了。也就是说，谁觉得降到一定价位自己能接受，谁就可以拍出价格，这个产品就归谁所有。

群内拍卖，需要线上支付。这样做的好处是，一方面有利于你对产品进行充分地宣传展示，以方便大家看得明白，听得进去，你的产品到底好在哪儿，产品独特的卖点是什么。另一方面，有利于群主引导大家做一些互动分享。比如过节的时候，群主可以引导大家分享小时候的节日是怎么过的，每个人都是什么样的感觉，也可以分享自己小时候最喜欢的歌曲、上学时自己最喜欢吃的零食，等等。相信这些有可能会勾起大家美好的回忆。

作为群主，在恰当的时间，把这些话题抛出来，群内就会非常热闹，气氛非常活跃，从而使群的凝聚力更强。有了强大的凝聚力，大家才会对你感到满意。当然，群友也会对你更加敬佩，甚至产生崇拜的感觉。

你也可以组织线下活动，比如KTV、聚餐、野外郊游等活动，这些都能让你的群真正活跃起来。

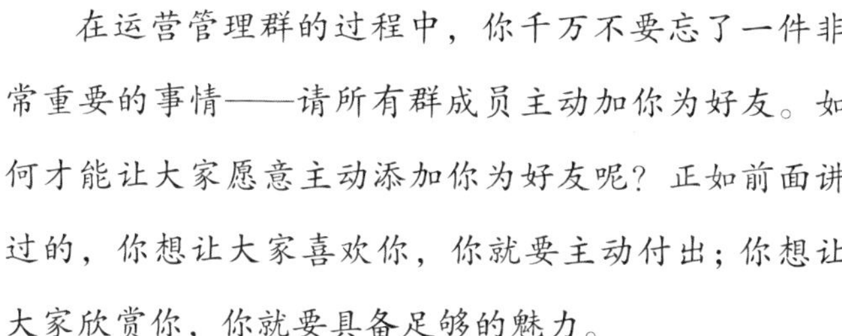

在运营管理群的过程中，你千万不要忘了一件非常重要的事情——请所有群成员主动加你为好友。如何才能让大家愿意主动添加你为好友呢？正如前面讲过的，你想让大家喜欢你，你就要主动付出；你想让大家欣赏你，你就要具备足够的魅力。

组织线下的现场活动，作为群主，你一定要震得住场，不能你到现场不组织活动而请其他人代劳。这样的话，你的光环也将被他人取代，这是一件很可怕的事情。你要懂得运用个人的人格魅力，吸引所有的群成员加你为好友，表达愿意跟你在一起的愿望。

让群自动裂变，快速赚钱

作为群主，你可以建一个群、两个群、三个群、十几个群，甚至几十个群，问题是群建多了，你自然是没有时间和精力去打理的。因此，你需要学会建分支群，也就是应该手把手教代理商建群。

如果想让你的群遍布全国，群友越来越多，你就要学会建分支群，也就是让你的群里可靠的代理商像你一样，去建更多的群。作为群主，你要说给他听，做给他看，换他来做。即先告诉代理商应该如何做，然后让代理商看你是怎么做的，最后让代理商自己做你在旁边指导。做得好的代理商，你要及时给予积极的肯定和鼓励。

在群里找到可靠的代理商之后，让代理商先成为群秘或者是副群主，跟你一起打理你的群，维护你的群。接下来，你要协助代理商建立以他为群主的第一个群。

你要从旁不断地指导他、辅助他，同时要协助代理商找到下一级代理商，建立本地群。这样，代理商就可以自己摸索着去建第二个群、第三个群，甚至更多的群。

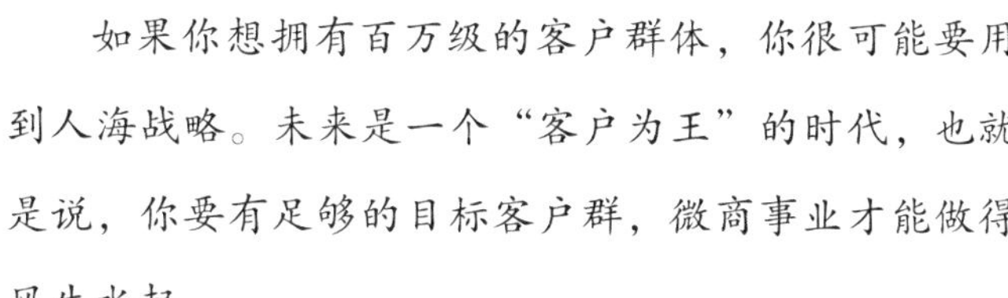

如果你想拥有百万级的客户群体，你很可能要用到人海战略。未来是一个“客户为王”的时代，也就是说，你要有足够的目标客户群，微商事业才能做得风生水起。

在微信群“捞鱼”的方式可能还有很多，希望你能通过自己的创新，带领代理商走得更远，把微商事业做得更大。

公众平台是微商未来的最大空间

公众平台，很可能成为微商未来的最大空间。作为当代微商，你需要从现在开始打造自己的公众平台。在公众平台上运营微商有个人微信账号无法比拟的优势。

首先，公众平台可以认证，能有效解决客户的信任问题。

其次，公众平台可以群发，无论你有几万、十几万、几十万好友，还是有几百万，甚至上千万的好友，你都可以一键把同一条信息同时发送到好友每个人的微信账号上，这是传统的个人微信账号所无法比拟的。

再次，在微信公众平台上，你编辑的信息，无论是视频的、音频的、图片的、文字的，还是图文混合的，都可以做得非常漂亮。

最后，微信公众平台可以借助很多后端开发的程序快速累积客户群体。

此外，微信公众平台还可以解决在推广过程中存在的信息统一、信息记录和信息跟踪等诸多问题。总之，未来微商最大的趋势之一是微信公众平台。

浏览量在十万次以上的公众平台，里面的一篇文章就会有超过十万人次看到，看过文章的十万人之中，哪怕只有千分之一的客户产生了购买行为，都是一个非常可观的销售额。与之相比，现在，一个个人微信账号的人数上限是5000人，而且你想把一条信息让微信账号上的5000人同时看到，那是一个非常头疼的问题。可见，你需要尽快把微商转移到公众平台上去。

要点集结

○ 你要定期推送群规和群介绍，特别要注意定期清理两类“好友”：一类是跟你卖同类产品的竞争对手；一类是发垃圾广告的，尤其是发色情广告的“好友”。这两类好友你要第一时间清理出去，绝不手软。

○ 你建群的目的是让大家喜欢你、信任你，甚至崇拜你。

如果你太吝啬，连个红包都不发的话，大家是不可能喜欢你、信任你的，崇拜你就更谈不上了。

◎如果你想让自己的客户遍布全国，那么你就要建立分支群，也就是让你的代理商像你一样去建群。诀窍就是说给他听，做给他看，换他来做。

◎公众平台是微商未来的最大空间。作为微商，你需要从现在开始打造属于自己的公众平台。

CHAPTER 7

快速赚钱，线下引流是微商的死穴

主动参加线下活动是线下引流最有效的方式。通常在你居住和生活的城市，会有各种各样的聚会和培训活动，你可以找机会参加这样的线下活动。在参加线下活动的时候，一定要注意细节。我总结了一些参加线下活动的秘籍分享给你。

让现场朋友主动加你才能赚大钱

如何让现场朋友主动添加你为好友呢？

第一，你要准备一个让现场朋友加你为好友的充分理由。

第二，你要准备好让现场朋友能够轻松、快捷加你为好友的二维码。提前准备好二维码，当现场有朋友要加你的时候，你告诉他，扫二维码就可以了。千万不要让现场朋友拿着手机等你半天，你却没找到自己的二维码，这是很不礼貌的，会让你的形象大打折扣。

第三，你的着装打扮一定要得体。也就是在活动现场，你的着装要与场合相映生辉，让现场的朋友们看到你，有一种高大上的感觉。

如果你在现场盲目地做广告，带给大家的除了反感，还是反感，也就别指望大家会加你为好友了。

让自己成为线下活动的现场贵宾

无论参加什么样的线下活动，如果你能成为活动的现场贵宾，一定会有更多的现场朋友加你为好友。

要想成为线下活动的现场贵宾，可以采用以下几种方式：

第一，你可以为主办单位提供礼品赞助；

第二，你可以帮主办单位做好宣传活动；

第三，你可以帮主办单位做好活动策划。

另外，如果有能力的话，你还可以做线下活动的主持或其他相关工作。

零成本借媒体力量做宣传

你可以采取主办、承办、协办等形式开展线下活动。比如，你可以组织一场非常有影响力的活动。很多朋友可能认为自己没有影响力，举办不了有影响力的活动。其实，你大可不必担心。因为你完全可以借助目前市面上、社会上非常热的主题，使自己开展的线下活动取得良好的效果。

举个例子，浙江卫视有一档非常火的节目叫《奔跑吧兄弟》，大家都非常喜欢看。你可以利用这个节目，在当地举办一个属于你们当地的《奔跑吧兄弟》。当然，不必有强大的明星阵容，你就把自己的兄弟姐妹请来就可以了，当然把自己微信好友中的朋友请来也是可以的。

如果在你的微信好友中能选十几位朋友举办这样一场活动，相信一定会有很多人争相报名的。这时候，你架几台摄像机，找一个户外郊游的场所，就可以拍出一版自己导演的《奔跑吧兄弟》。虽然这是一个“山寨”版的，但是你没必要期望和浙江卫视的《奔跑吧兄弟》做出完全一样的效果。只要你敢做，就会有人支持你、配合你，就会有人愿意参加，就会有人喜欢观看。

因此，可以借助类似的有影响力的节目，作为你组织活动的由头，开展一些零成本营销自己的活动。

当你举办这样的活动的时候，场地、媒体，可能会有单位免费为你提供。只要你运用的方法得当，这些都是可以实现的。

有一点非常重要，那就是你组织一场活动，让大家踊跃报名参加的同时，允许他们带自己的朋友一起参加。这样不仅会有更多的朋友来参加你组织的活动，而且他们会通过活动对你产生非常好的印象、非常好的感觉，从而慢慢地喜欢你，信任你。

当然，你也可以举办传统文化分享活动。也许有很多人担心自己不会讲传统文化，不会分享传统文化。其实你大可不必担心，到网上搜索一下讲传统文化的视频，你会发现这样的视频比比皆是。比如《了凡四训》《弟子规》等，讲得都非常好。

你组织大家来看这些视频，大家就会非常有收获。大家有了收获，自然会对你产生好感。对你的喜欢，对你的信任，甚至对你的崇拜也就油然而生了。

可见，分享传统文化对你组织活动而言，成本是非常低的。运作的过程，相对来讲，也比较简单。但是，带给你的结果一定是最好的。

另外，如果你有能力或者实力的话，也可以组织一些培训活动，比如造型培训、服装搭配培训、演讲口才培训，甚至是微商经营培训，这些都是快速累积忠诚客户的好方法。

你不仅可以在微信群、同城群里招到相关的学员，还可以在诸如腾讯课堂、新浪课堂等这样的网络课堂上招到海量学员。这些传统的互联网网站上，到处可以招到海量的学员。由此可见，只要用心，一切皆有可能。希望你在培训方面有一个非常好的结果，因为培训能让你在最短的时间内获得大量的粉丝，并让他们喜欢你、认同你、信任你，甚至是崇拜你。

组织活动，准备工作要做好

首先，你要对自己的团队进行分工。团队里面一定要有负责主持的人、负责策划的人、负责接待的人、负责签到的人、负责分享的人。这些人员的工作分工，你要事先做好安排。

其次，不管你是举办一场聚会，还是开展一次沙龙活动，都需要场地。你要找一个风景优美的度假村或者郊游场地开展活动。如果你的活动组织得足够好，人数足够多，相信一定会有企业或者商家愿意把自己的场地贡献出来，供你免费使用。因为这些商家希望你的客户能为他带来更多的人气。

在活动中，你要设计和安排好相关环节，确保所有参与人的安全，联系本地相关的网络、报纸等媒体前来报道活动。如果有媒体自愿给你的活动做宣传报道，尽量多给媒体一些活动的相关资料。

在整个活动中，一定要设计一个最重要的环节——宣传自己，即宣传自己的团队、团队成员和活动的组织者。当然，也可以在微信上分享自己举办的活动。

展示活动好处，拉来赞助商

在寻找赞助商的过程中，你要充分展示自己的客户资源，让有意赞助你的企业看到与你合作的好处。但是，千万不要吹牛说大话。如果你跟赞助商说会有 500 人参加活动，而活动当天只来了 50 人，这就会给你带来很大的麻烦。

对于你来说，你的主要需求其实就是获得赞助商的支持。如果有资金需求的话，一定要跟赞助商说清楚所需资金的用途和明细，目的是让支持你的赞助商心里感到非常放心、非常舒心。

同时，你一定要策划设计与赞助商共赢的详细方案。共赢，顾名思义，就是最后大家都能得到好处，而不是到最后你想要达到的结果都达到了，赞助商想达到的结果根本没有达到。如果赞助商想要的结果没有达到，赞助商会非常失望，以后你和赞助商之间也就无法继续合作了，这是很可怕的事情。

要点集结

◎ 你要在适当的场合恰当地展示自己，既不要太过分，也不要太谦虚。在活动现场,你不要做广告,而是要给出价值。这样，大家自然愿意主动加你为好友。

◎ 如果你有能力或实力的话,也可以组织一些培训活动，比如造型培训、服装搭配培训、演讲口才培训，甚至是微商经营培训。这些活动都能帮你快速地累积粉丝，累积忠诚客户。

◎ 在活动中，一定要设计最重要的环节——宣传自己，即宣传自己的团队、团队成员和活动的组织者。当然，也可以在微信上分享自己举办的活动。

◎ 如果有资金需求的话，一定要跟赞助商说清楚所需资金的用途和明细，让赞助商感到支持你、赞助你非常放心、非常舒心。

CHAPTER 8

把朋友圈经营成摇钱树

亲爱的朋友，当你想到朋友圈的时候，最想看的是什么内容，是各种各样、层出不穷的广告呢？还是好朋友最近在做什么，去哪里玩儿了，吃了什么？他们的生活当中发生了什么事？我相信，大部分朋友会选择后者。

由此可见，如果你的朋友圈发布的是海量的广告，那么会有越来越多的好友屏蔽你的朋友圈，纷纷离你而去。

朋友圈内容决定微商的命运

如果你想拥有百万级的客户群体，那么你就要学会运用人海战略。未来商业是“客户为王”的时代。无论你是用线上的微营销，还是用线下的聚会活动，当你掌握了足够多的客户群，有了足够多的精准客户之后，你才有可能把朋友圈经营成“摇钱树”。

现在做微商的人的朋友圈，其命运主要分为以下几种：

第一，你的朋友圈被大量微信好友屏蔽。

究竟是什么样的朋友圈会被好友屏蔽掉呢？相信你和我的想

法是一样的，就是那种一点营养都没有的微信朋友圈。有一种微商，头像始终是小动物、卡通人物或者是风景，你根本看不到这个人的本来面目。你打算看看他是哪里人，结果点开他的基本资料一看，看到他的微信资料介绍上写着来自于冰岛，或者来自于其他国家。你再点开他的朋友圈一看，除了广告还是广告，翻了好久，连一张他本人的照片都没有。这样做微商的人，能不能得到客户的信赖呢？我认为，是不大可能得到客户的信赖的。所以，你在经营微商的时候要注意这些细节。

第二，不仅仅微信好友会屏蔽你，身边的朋友也会屏蔽你。

在朋友圈经营过程中，如果你一天发十几条、几十条，甚至更多的广告，可能连你身边的朋友都忍不住会把你屏蔽掉。

还有一种朋友圈，每天除了广告，其他什么内容都不发，这是很可怕的事情。大部分朋友都会屏蔽这样的微信朋友圈。

第三，消息发不发朋友圈，好友根本就没印象。

也就是说，你每天在微信朋友圈里发一些自己生活的经历，比如，去哪儿吃饭了，去哪儿玩儿了，然后再发两张自拍照片，看起来没什么特点，也没什么特色，好友根本不会有什么印象。我把这样的朋友圈定义为看起来没什么印象的朋友圈。

第四，好友看了你的朋友圈之后，感觉非常好，非常喜欢你的朋友圈。

什么样的朋友圈大家看了会比较喜欢呢？你的朋友圈中，一定要有一些有营养、有价值的内容吸引和影响你的好友，让微信好友感觉非常好，他才会喜欢上你的微信朋友圈，也就不会介意你偶尔在朋友圈里面发几条广告。

第五，好友看了你的朋友圈之后，就会刻意将你置顶。

如何才能让微信好友将你置顶呢？也就是说无论好友有没有事，都会把你的头像点一点，都会打开你的朋友圈看一看。虽然做到这种程度相对要难一些，但是如果你换一个角度来看待这件事，就会变得非常简单。

如果我想让朋友将我置顶，我要做的就是主动付出、主动给予。我在朋友圈分享的一定是对好友们有意义、有帮助、有价值的信息和内容。例如，你是做化妆品的微商，你在朋友圈分享的内容都是护肤、美容方面的专业内容，大家看到的都是你在朋友圈当中分享的非常经典、非常专业的护肤、美容方法和技巧。如果好友看了之后非常喜欢，而且按照你介绍的方法用起来又非常有效，他们就会时常光顾你的朋友圈。即使你在朋友圈里发一些广告，他们也不会感到厌烦。虽然他们跟你不熟，平时也不跟你说话，但是他们会刻意将你置顶。

为什么要置顶？因为他们点中你的头像，就可以看到你的朋友圈是不是又分享了让他们感觉非常好、非常喜欢、非常感兴趣的内容和话题。

请你仔细想一下，在这五种朋友圈命运中，你的朋友圈是哪一种命运，是非常要好的朋友也把你屏蔽了呢，还是大量好友将你置顶？

作为微商，打造自己的微信朋友圈，一定要站在利他、付出的角度，大家才会将你置顶，才会时常惦记着看一看你的朋友圈又发布了什么内容。

如果想真正成为微商大咖，一定要用心把自己的朋友圈打造到让客户没事就想来看一看的程度。

把朋友圈打造成自媒体平台

朋友圈到底是什么？在经营朋友圈的过程中，到底应该把朋友圈当成什么来经营呢？你有没有一套自己的经营理念呢？

可能大部分人都在盲目地经营着自己的朋友圈，并且认为朋友圈就是自己发送广告的地方。如果你是这样的心态，你觉得你的朋友圈还有价值吗？关注你朋友圈的人还会很多吗？

我认为朋友圈就是自己的“摇钱树”。如果你经营得好，朋友圈就会成为你的聚宝盆；如果你经营得不好，朋友圈将没有任何价值。

我做过一个小调查，得出的结论是：现在看报纸的人已经越来越少了，看电视的人看电视的时间也越来越短了，然而看手机的人却越来越多了。现在在报纸上登一个广告，能看到的人有多少？我们来仔细地分析一下。一份月发行量 5 万份的报纸，真正能看到报纸上的广告的人有多少呢？不足 1%。即使一个月有 5 万份的报纸发行量，5 万份的 1% 也就是 500 人的受众。

如果你的微信有 5000 个好友的话，其中有 1000 个好友能看到你的朋友圈内容，就说明微信朋友圈的效果要比传统的报纸效果好。所以，你一定要学会把你的朋友圈当成一份报纸、一份杂志、一个电视台来经营。

所以，你要在自己的朋友圈里经常发精彩的内容，偶尔发几条广告。这样才会吸引更多的好友将你置顶，然后有事没事去看一看你的朋友圈。我相信，这样的朋友圈才是“梧桐树”，才能迎来金凤凰，才能变成“摇钱树”。

精准定位你的微信朋友圈

你要学会把朋友圈当作娱乐媒体来经营。首先，你要为自己的朋友圈找准定位，也就是为自己的朋友圈确定主题。

如何定位自己的朋友圈？

你可以根据自己的主打产品来定位朋友圈；

你可以根据自己的特长来定位朋友圈；

你也可以根据客户的需求来定位朋友圈。

比如，你是做保健品的，那么，你的朋友圈的主题就是客户健康，你可以在朋友圈不断分享保健品与健康相关联的精彩内容。无论是心理健康方面的内容，还是身体健康方面的内容，都是和你的朋友圈定位——客户健康非常贴合的。

如果你担心自己的脑子里没有那么多与健康有关的精彩内容，我建议你借助发达的互联网为自己充电。比如，你可以到新浪、搜狐等大型门户网站找与健康相关的频道。可以下载频道里的权威医学专家的专栏文章，然后转载到自己的朋友圈里进行分享，给关注自己的微信好友带来价值。只要你思路对了，很多事情做起来就简单了。

当然，做化妆品、护肤品的微商，也可以到新浪、搜狐、网易等大型门户网站找相关的主题频道，下载实用价值高的文章，然后转载到自己的微信朋友圈里，分享给关注自己的微信好友。

把广告做成大家都喜欢的创意

朋友圈该如何发布广告呢？朋友圈不要发布纯广告，除非你的广告很吸引人。

有人自己花了很多时间和精力经营朋友圈，担心不发广告赚不到钱，于是会问：“不让我在朋友圈发广告，我怎么做微商？”

不让你单独发广告，并不等于不让你发广告。你要考虑，如何发广告才能不让好友们感到厌烦。比如，从心理方面来说，你是喜欢听笑话，还是喜欢听广告？你是喜欢听故事，还是喜欢听广告？我相信大部分人都喜欢听笑话、听故事，很少有人愿意听广告。那么你能不能把广告以笑话或者故事的形式讲出来，这对广告的效果具有决定意义。

比如，我在微信朋友圈发布我的课程，我是这样做的：

> 有一位中国商人，来到教堂见到了教宗，提出来要给这个教堂捐助。教宗陪着中国商人在花园里行走，教宗的助理只得在后边远远地跟着，他不敢打扰他们的商谈，只是隐隐约约地听到他们在讲什么。
>
> 当助理听到中国商人说五千万的时候，教宗摇摇头；接着助理又听到中国商人说一个亿，两个亿，后边一直涨到了十个亿，整个过程，教宗一直在摇头。

最后，中国商人非常失落地走了。这时候，教宗的助理三步并作两步跑去问教宗："天哪，我听他说捐赠我们十个亿，您怎么还摇头呢？他到底提了什么样的要求，让您拒绝了这么大一笔捐赠？您知不知道十个亿能修缮多少教堂？十个亿能资助多少没办法上学的孩子？十个亿能救助多少孤寡老人？"

教宗苦笑了一下，摇摇头说："他的要求，我们没有办法满足。"

教宗的助理接着问："他提什么样的要求，给这么多钱我们都没办法满足？"

教宗说："他要求我把每次做礼拜改成他的课题——零成本营销。"

接下来讲零成本营销是什么样的课程，能够带给客户什么好处，报名电话是多少。

我用这样一个小笑话很自然地把自己的课程广告发出去了。很多人看完后，会发自内心地会心一笑。如果有需求，自然会打电话来咨询课程详情以及开班的时间和地点。一般的微信好友即使暂时没有兴趣，也不会反感这则广告。

我还做过一次这样的广告：

有一天，一位商人赔得倾家荡产，实在没有办法，差一点就跳楼了。

这个时候，天边一道金光闪过，来了一位白胡子仙人，商人仔细一看，原来是太白金星。太白金星跟商人说：“年轻人，机会还有很多，千万不要随便轻生。”

这个商人一看是太白金星，就问：“老人家，请问我如何才能够摆脱现在的困境？”太白金星指指远方，再指着脚下，这个商人瞬间领悟了太白金星所指的真谛。于是，他对太白金星说：“老人家，我知道了，您是让我目光要放长远，然后脚踏实地去做事，对不对？”

太白金星说：“对什么呀，我是告诉你，远方有一位老师叫李宇桐，他是研究零成本营销的专家，他能够帮助你很快扭转现状，所以你要马上去听他的零成本营销课。他的课程开班时间是*年*月*日，地址是……报名电话是……”

当你看到这里时，即使你不想来参加我的零成本营销课，也会觉得这个广告挺有意思、挺好玩的，这样的广告是不会招人烦、惹人厌的。

在朋友圈中与好友互动并成交

每次你在朋友圈发信息的时候，一定要在朋友圈留下一个互动的议题，以方便大家主动与你互动。这个议题，一定是能引发大家与你一起讨论的议题。当大家讨论非常激烈的时候，有一个小窍门叫作“有朋友说”。

什么叫“有朋友说”？你要注意，如果好友在你的朋友圈发表评论，你是可以看到的，但是如果其他的朋友跟发表评论的人不是好友的话，他们相互之间是看不到彼此发的评论的。

你说的话是所有人都能看到的，为了让大家讨论更热烈，你一定要学会用“有朋友说”这种方式，也就是，把朋友评论的话复制下来，再发一遍，这样，好友就能看到所有与你相关的评论。这样的讨论会更有意义，气氛也比较好。

在互动的过程中，一定要事先准备好促销方案。我们不是为了讨论而讨论，也不是为了互动而互动。做微商的最终目的是成交。如果你没有一个非常吸引人的促销方案，是很难成交的。

准备促销方案的同时，你不要忘了成交最重要的环节是建立客户对你的信任。一定要通过朋友圈的互动，让目标客户发自内心地信任你，这样，他们才会购买你的产品，才会实现真正的成交。

让客户感觉你的产品好到极致

如何用最短的时间建立最大的信任，这一直是我用心研究的课题。因为做微商，你很难和客户面对面，你和客户天各一方，如果你想跟客户建立信任关系，就需要客户见证。

客户见证，也就是客户说一句话，比卖家说十句话都管用。如果客户说你的产品不好，你说一百句好话都没用；如果客户说你的产品好，其他的客户就会相信你的产品是好的。

无论你夸赞自己的产品有多好，就算滔滔不绝、口吐莲花，客户只对你说四个字——王婆卖瓜，那么你付出的时间和精力就白费了。作为卖家，你跟客户（买家）永远都是站在对立面的，所以你说的话，客户是很难相信的，通常都会持怀疑态度。但是如果买过你的产品的客户说："我用了这款产品，感觉非常好。"当这个客户站出来说你的产品好的时候，其他客户就会知道：已经有人买过他的产品了，而且用了之后感觉非常好，现在我可以放心购买了。这就是客户见证。

在朋友圈中做产品广告，可以要把广告内容融合到笑话、故事中。你要在朋友圈中说清楚，不喜欢你发的产品广告的好友可以屏蔽你的朋友圈，同时也要跟好友讲，做微商也是养家糊口，希望大家见谅。当你非常谦恭、非常真诚地说出这段话的时候，你的精准客户、你的微信好友会对你产生更多的认同。

假如我是一款减肥产品的使用者，我跟大家说："最近我用了一款减肥产品，我是在没有节食、没有痛苦、没有负担的情况下，7 天时间减了 8 斤。"然后，又有一个朋友说："我用了这款产品 7 天，从之前的 160 斤减到了 153 斤，7 天我减了 7 斤，平均每天减重 1 斤。"还有一个朋友说："我用了这款产品 7 天，从 180 斤减到了现在的 170 斤，7 天时间我减了 10 斤。"还有一个朋友说："我用了这款产品 7 天，从之前的 190 斤减到了现在的 178 斤，7 天时间我减了 12 斤。"类似的客户见证比比皆是。

从一个人说到 3 个人说、5 个人说、6 个人说，如果你也有减肥的意愿，你肯定会产生一种感觉：我也购买这款产品试试，体验一下它的减肥效果。这就是客户见证的力量。

可以这样说，客户见证是把你的微商营业额从普通推向卓越的实用技巧和最佳利器。

另外，你在朋友圈当中要有产品对比，也就是和其他同类产品进行对比，找出自己的产品 5 个以上的优点。这里的同类指的不是某一个商家、某一个厂家、某一个品牌，而是特指某一品类，是相同品类的意思。

比如，我卖的是面膜，我会说："我的试管面膜是玻璃瓶包装的，它没有与任何金属物质接触，是没有任何二次污染的。市面上的面膜是铝膜包装的，铝膜跟面膜产生接触后，敷在脸上，皮肤会……”

当你说出你的产品的一个细节、两个细节……到五个细节的时候，客户就会对你迅速产生一种强烈的信赖感。

记住，不要说别人的产品不好、不要提别人的品牌，重点在于凸显自己产品的细节和优点，让客户觉得你的产品是好到极致的。

学会在朋友圈制造热卖气氛

在朋友圈做微商，你还要学会秀气氛，也就是制造热卖气氛。你要让客户知道，已经有很多客户购买了你的产品，并且你的产品已经热销到发货都发不过来的程度。发货量有多大，你一定要真实、明确地与目标客户分享。

你要制造热卖的气氛，制造出饥饿营销的效果，但是饥饿营销的前提是真实。不论你做什么事情，都要以真实为本、以诚信为本。

一定要在真实的事实基础上做饥饿营销。比如，我有一款产品，价格是 198 元。今天，我为了回馈老客户，前三位购买产品的老客户，只需支付 138 元就可以买到这款产品。我今天只卖三单，我这样做的目的，就是要制造一种饥饿营销的气氛，促使客户更快速地下单。当然，你也可以采用其他方式，例如前三位购买产品的客户，赠送价值 50 元的赠品等等。

一招百分百打消客户所有顾虑

现在，很多客户购买产品不差钱，却往往担心从网上买回来的产品不是自己想要的，或者收到产品和自己想象的不一样，这会导致他们不愿意下单购买。如果你承诺产品不符合客户需求，客户不必承担任何风险——卖家的零风险承诺化解了客户的担心。

现在大家在天猫、京东商城上，会看到很多商家承诺无条件退货。比如，店铺上清晰地标明：你自己不满意可以退，家人不满意可以退，宠物不满意也可以退……这就是所谓的零风险承诺。

有的朋友可能会想，万一我卖出去的产品客户都给退回来了，怎么办？我想问一下："产品都退回来，你觉得可能吗？"根据我常年的操作经验判断，如果你的产品品质一般的话，通常退单率不会超过 10%；如果你的产品品质非常好的话，通常退单率不会超过 3%。

换位思考一下，如果你是消费者，你去一个有这种承诺的商家购买产品，买回来的产品自己比较满意，且没什么问题，你会闲着没事退货吗？因此，我相信，大部分客户不会闲着没事儿退货玩。

如果你的产品品质一般，你敢于做零风险承诺，产品的销量往往会提高一两倍，甚至更多倍，当然，你的利润也会随之提高。

展示优势，让客户充分信赖你

做微商，你要学会展示自己的优势、展示产品的优势，从而让目标客户充分信赖你。比如你是卖化妆品的，你在化妆、美容、塑形等领域获得过什么奖项，或者做出过什么令人羡慕的成绩，所有这些荣誉和成绩都可以毫无保留地秀出来。秀出你优势的、专业的一面，可以大大增加目标客户对你的信赖感。

> 你有再多、再大的优势，如果目标客户不知道的话，等同于没有优势。所以，一定要及时向目标客户展示自己的优势。

大家来看一下下面这组图片。

这是我 2014 年在全国各地巡回授课的图片。

从中可以发现，我的课程，每一场都有上千名学员参与，有时候，甚至连学员站着听课的地方都没有。很多学员会站在门口听课，并且学员在课上表现得非常踊跃。

在一些图片中，有的学员站到桌子上欢呼。因为他们在课上获得相关的专业知识之后，非常兴奋，很多学员会跳到桌子上庆祝自己的收获。

从下图片是我在香港、澳门等地授课的现场情景。

我们来看下面这几幅“新经济财富论坛”的图片。

下面这张图片是我在上海参加电影节，和朋友一起做扶持青年导演创作计划的项目的情景。

通过展示我的这些图片，目的就是告诉你：要通过你做得比较好的一些事情，把你的优势和你的长项展示出来。

在朋友圈展示出来之后，好友和精准客户收到了、看到了，会对你产生更多的信赖感，从而更加喜欢你、信任你，甚至是崇拜你。

要点集结

◎朋友圈的命运，不是由你发了多少内容来决定的，而是由多少人愿意主动来看你的朋友圈决定的，发布内容的含金量至关重要。

◎要把朋友圈当成你自己办的报纸来经营，要把朋友圈当成你自己办的电视台来经营，这样，你的朋友圈才有可能变成“摇钱树”。

◎你可以到新浪、搜狐等大型门户网站找与朋友圈主题相关的频道，下载频道里的权威专家的文章，转载到自己的朋友圈里进行分享，这样就能给关注自己朋友圈的微信好友带来价值。

◎你要学会把自己的广告做成大家都非常容易接受的形式，大家才会愿意看，愿意传播。这样的广告发出去，才会产生你想要的效果和作用。

◎作为卖家，你跟客户（买家）永远都是站在对立面的。所以你说的话，客户是很难相信的，通常都会持怀疑态度。

◎如果你做微商偏离了诚信的轨道，用了虚假的手段欺骗目标客户，那么你的微商之路肯定是没有办法长久走下去的。

◎零风险承诺为客户购买产品解决了信任问题之后最大的成交障碍。你完全可以用零风险承诺彻底打消目标客户的担心，让目标客户产生立刻购买的冲动。

CHAPTER 9

微商成功的关键是极速成交

做好前面的工作之后，我接下来要讲微商成功的关键环节——成交。前面我教你做了那么多的准备工作，付出了那么多的努力，如果没有成交的话，所有的工作就白做了。可见，成交是所有环节中最重要也是最关键的环节。但是，成交也是大部分微商最头疼的一个环节。

成交之前，客户购买的最大障碍是什么？是“信任”，成交是建立在信任基础上的。如果解决不了信任问题，你与客户是很难实现成交的。

通过观察我发现，90%以上的微商是不懂如何与客户成交的。你如何才能做到极速成交，即让客户毫不犹豫地购买你的产品呢？这里我所说的极速成交，不仅是客户毫不犹豫地购买，而且还会全力以赴地为你做转介绍，让更多的朋友购买你的产品。具体来说，实现极速成交，你可以采用三种方式：一是客户见证，二是促销方案，三是饥饿营销。

极速成交的“核武器”——客户见证

销售没有客户见证的产品，即使你多付出十倍的努力，也不一定会有好的销售效果。因此，你要提高产品的销量，一定要做大量有效的客户见证。

如果你是销售丰胸产品的，那你就要秀出图片，秀出视频，让客户看到丰胸前和丰胸后的效果对比；如果你是销售塑形产品的，那你就要秀出图片、秀出视频，让客户看到塑形前和塑形后的效果对比；如果你是销售减肥产品的，你就要秀出图片、秀出视频，让客户看到减肥前和减肥后的效果对比；如果你是销售整形产品的，你就要秀出图片，秀出视频，让客户看到整形前和整形后的效果对比；如果你是做形象设计的，也要把你为客户做的成功形象设计秀出来。

客户见证有三种方式，分别是文案、图片和视频。

第一种客户见证方式是文案。

如果客户不愿意把他的照片或者视频提供给你，只愿意提供给你文字的话，那么文字当中一定要有相关的公司名称、电话号码及姓名。虽然 99% 的客户不会去打这个电话，但是有了使用过你的产品的客户的电话号码和姓名之后，会让大部分客户感觉这是真实的见证。

第二种客户见证的方式是图片。

你不要简单认为你是做塑形产品的，只需要把客户的局部效果图拍出来上传就行了，其实这样做的效果是非常差的。图片一定有头有脸，如果实在敏感，需要做马赛克的话，你可以用一个白条把客户的眼睛挡住，但是能不挡尽量不要挡，这样效果才好。同时，尽量留下使用过你的产品的客户的姓名和电话号码。

第三种客户见证的方式是视频。

如果你能让客户做视频见证的话，效果是最好的。视频见证，一定要使用过你的产品的客户亲口讲出，他用你的产品之前和之后的变化。在视频录制过程中，可能会有很多人因为没有经验，滔滔不绝地一直讲个不停，结果有用的没用地讲了一大堆。最好的视频见证大多都控制在 20 秒以内，长的也不宜超过 30 秒。

一般情况下，15 ～ 20 秒的视频见证是最有效的，因为每人 15 ～ 20 秒，你做 2 ～ 3 个视频客户见证也就 1 分钟左右，这样有利于让客户耐心看完，而且非常有效。

做客户见证还有一个原则，就是客户见证只讲结果，只讲关键数据。比如，我之前是 150 斤，通过服用 7 天的减肥产品，现在减到了 143 斤，7 天的时间我减了 7 斤。这样一个减肥产品客户见证就做完了，这个客户见证会让客户一看就懂。

那么，你应该如何获取客户见证资源呢？并不是所有的客户都愿意帮你做产品的客户见证。一般情况下，你让普通客户做第一个客户见证，很多客户都不愿意出这个风头，或者他们会担心各种各样的问题。万事开头难，你要先找关系最好的朋友帮你做客户见证，然后你再陆陆续续找一般客户帮你做客户见证，这样他们为你做客户见证的概率会大大增加。

另外，客户见证一定要建立在真实、客观的事实基础之上，千万不要要求客户帮你编造一些产品效果。因为如果请朋友帮你说假话，朋友会怎么看你这个人？朋友肯定觉得，这个朋友不值得深交，以后要离你远一点。所以，做人做事一定要踏踏实实、实实在在，一定要在客观事实的基础上做客户见证。

客户见证的分享一定要有重点、重效果，内容要简明扼要。如果客户见证太长，没用的内容反而会把有用的内容盖住，效果就会大打折扣。

客户见证一定要取得客户的书面同意。只有取得了客户的书面同意，你才能在传播客户见证的过程中避免风险。否则，今天你找一个朋友录了相关的产品视频，未经朋友许可，你把这个视频作为客户见证放到网上，结果朋友到法院告你侵犯了他的肖像权。这是很可怕的事情。

一般情况下，首先你要准备一张空白纸，在上面写上如下内容：

> 本人同意 ××× （你的姓名）采用本人的视频和照片用作产品宣传和营销推广，特此证明。
>
> 签字：
>
> 年　月　日

其次请客户签名。注意，签字不要签很大，尽量小一点儿，这样一张纸就可以签几十个人。

为什么要这样做？一般情况下，客户都不愿意签字，也都不敢签字，因为一签字，大家就容易联想到签合同。同样，你要找关系最好的朋友，先帮你签上一个、两个、三个，甚至五个六个名字之后，再请其他客户帮你签。这时客户心里会想，应该没有什么风险，别人也签字了。签的名字越多，客户的抵触越小，这样帮你做客户见证的朋友就会越来越多。

极速成交的“原子弹”——促销方案

做微商一定要学会用客户最想要的方式来做产品促销，以不断增加自己的产品销量。千万不要学小白兔钓鱼，以为自己喜欢吃胡萝卜，就把胡萝卜拴在鱼竿上当鱼饵。

五个卖狗人的故事

在一个市场，有五位卖狗人。他们从同一个养殖场采购小狗，进价是一样的，每只小狗的进价是500元，售价也都是一样的，每只小狗的售价是1000元。所以这五位卖狗人，在同一个市场卖的是同一个养殖场的小狗，采用的是同样的销售价格。

第一位卖狗人把小狗放在笼子里，然后坐在那里，一副姜太公钓鱼的样子，一种你爱买不买的态度。只许客户看小狗，不许客户摸小狗。客户要摸小狗的话，要先交钱,狗拿走之后就是客户的了,不可以退也不可以换。请问，你愿意从这样的卖狗人那里买小狗吗？答案是否定的，没有人会愿意从这样的商家手里购买产品。

第二位卖狗人把小狗放在笼子外边，客户过来可以抱一抱小狗，摸一摸小狗，也可以和小狗一起玩，售价同样也是1000元。请问，你愿意从这样的卖狗人那里买小狗吗？答案是不一定。不着急，我们再来看看第三位卖狗人是怎么卖狗的。

第三位卖狗人不但允许你把小狗抱起来，可以和小狗一起玩，可以摸一摸小狗，卖狗人还会非常详细地向你介绍小狗的血统、品种，同时还会给你讲，你把小狗买回家，小狗能带给你什么样的欢乐。大部分朋友都愿意在这样热情的卖家那里购买产品。不过，你别着急，下面还有第四位、第五位卖狗人。

第四位卖狗人不但让你抱起小狗，跟小狗一起玩，还会详细地介绍小狗的血统、品种，以及买回家之后能带给你的欢乐。更重要的是，如果你把小狗带回家之后，家人说小狗太丑、不好看、不好玩，你一周之内还可以把小狗给我拿回来换一只新的小狗。如果你把小狗带回去之后，家人坚决不允许你养狗，你可以把小狗给我抱回来，我会把1000元退给你。请问，你愿意从这样的卖狗人那里购买小狗吗？相信很多人都很乐意在这样的卖狗人那里购买小狗。不要着急，我们继续来看第五位卖狗人。

第五位卖狗人不但可以让你抱起小狗，跟小狗一起玩，而且他会跟你详细介绍小狗的血统、品种，以及买回去之后能带给你和家人的欢乐。同时他会细心地告诉你一些养狗的细节。比如，你把小狗带回家，小狗到一个陌生的环境，肯定会因心理受到影响而乱叫。这个卖狗人会把小狗连带小狗睡熟悉的狗窝一起送给你。不仅把狗窝送给你，还会送给你一只布偶的小狗，让你有一种买一送一的感觉。

同时第五个卖狗人还提供这样的服务：如果你把小狗带回家，家人说小狗太丑了，你可以一周之内来换；如果家人坚决不允许你养狗，你打一个电话给我，我就会上门把1000元钱还给你，然后把小狗和狗窝拿回来，我还会把你放小狗的地方打扫、清洁、消毒，处理干净。那个布偶小狗就免费送你了。

请问，当你看到第五个卖狗人的时候，会不会从他那里购买小狗？相信大多数人都愿意从第五个卖狗人那里买小狗。所以，在第五个卖狗人那里，有些人本来没打算买小狗，但是由于这个卖狗人彻底解决了买狗人的后顾之忧，他们会突然产生想买小狗的冲动。

我们来看一下这五位卖狗人一个月的收入情况：

第一位卖狗人每个月可以卖出3只小狗，每只小狗的成本是500元，每个月他有1500元的收入；

第二位卖狗人每个月可以卖出7只小狗，每只小狗的成本是500元，每个月他有3500元的收入；

第三位卖狗人每个月可以卖出13只小狗，每只小狗的成本是500元，每个月他有6500元的收入；

第四位卖狗人每个月可以卖出35只小狗，每只小狗的成本是

500 元，每个月他有 17500 元的收入；

第五位卖狗人每个月竟然可以卖出 90 只小狗，每只小狗加狗窝和布偶小狗的成本是 550 元，每个月他有 40500 元的收入。

前四位卖狗人，每卖出一只小狗的利润是 500 元；而第五位卖狗人，每卖出一只小狗的利润却是 450 元。因为第五个卖狗人的送给客户的布偶小狗和狗窝的成本是 50 元。每卖出一只狗他的成本就增加 50 元，利润则减少了 50 元，但是他最后的月收入却达到了 40500 元。

你可以计算一下，1500 元和 40500 元之间相差多少倍？整整 27 倍。为什么同样的进货渠道，同样的销售地点，第一个卖狗人和第五个卖狗人的月收入会有如此大的差距？因为第五个卖狗人运用了两种促销策略：一种是零风险承诺策略，一种是赠品促销策略。

零风险承诺策略，就是提供给客户完整的购物保证，完全消除客户需要承担的风险，以吸引客户从你这里购买产品。

赠品促销策略，就是在销售产品之外，附送一些能够增加产品价值的赠品，以吸引客户从你这里购买产品。

正是零风险承诺和赠品促销策略，帮助第五位卖狗人大幅地提升了月收入。请问作为微商，你在销售过程中，有用到这两种促销策略吗？如果没有用到的话，可以适时地把促销策略运用到你的产品促销方案中，让你的营业额实现快速攀升。

极速成交的绝杀技——饥饿营销

饥饿营销也被称为限量供应。比如，你销售一种产品，一天定额供应多少，一个月定额供应多少，客户每人一次最多可以购买多少，这些都属于饥饿营销的范畴。

你可以想一下，自己在购物的时候，本来可能想逛完街再来买这种产品，但是如果老板告诉你这种产品只剩两个了，你很可能就直接买下了。如果你特别喜欢这个产品，你会担心逛完街回来再买就买不到了。这就是做微商为什么要活学活用饥饿营销的原因。

很多做微商的朋友非常贪婪。我在前文中已经提过，越贪婪你的收获就越小，千万不要太贪婪。做微商的朋友的贪婪都是存在于潜意识之中的，恨不得所有的产品都很快被卖出去。可是你越想多卖，往往越难达成目的。你要在销售过程中学会矜持、学会设限，学会站在高姿态的角度做营销。

现实中经常碰到这样的情况，卖家求着客户购买他的产品时，客户反而不想买了。但是如果卖家说："我这款产品就剩几个了，不担心卖不出去。"这时候客户会怎么想？客户会不会有一种无论如何都要买回来，哪怕多花点钱都要买回来的冲动。这时候，客户的第一想法是我要得到这款产品，从而就使成交变得特别容易、特别简单。

所以，你要通过饥饿营销，让目标客户了解你的产品的稀缺特性。比如，你可以提示目标客户：某款产品，今天用八折的特惠价格限量出售三份，购买第四份就是原价了。这时候，你更容易与目标客户实现极速成交。

开发新客户，不忘老客户

在开发新客户的时候，我常采用会员式营销，这是一个非常好的促销产品的方式，目的是让客户感觉自己不但买了想要的东西还赚到了。做微商，可能你某一单没赚钱，但你能赚到一个忠诚的客户，这样的客户往往是非常有价值的。

在营销领域有一个概念叫作客户终身价值，即你一旦开发一个客户，只要你的产品品质没有问题，只要你的服务做得足够好，这个客户可以一年、两年、三年，甚至更长时间持续地购买你的产品。

在整个过程中，你获得的总利润累积起来，比你开发这个客户所出让的所谓的利润要可观得多。可见，采用这种会员式营销开发新客户，你只需投入一点成本和精力去开发一位新会员，让他变成你的忠实客户，你就能持续赚钱。

用积分管理锁住客户

当你拉近与客户的关系之后，如何锁定客户呢？锁定客户有一个非常简单的方案——积分管理。

积分管理，就是客户每购买一次你的产品，你可以帮客户累积积分，当积分累积到一定分数后，就可以用积分兑换相应的礼品。这就如同你使用信用卡会有积分，你坐航空公司航班会有里程积分，你用手机打电话会有话费消费积分一样。

使用积分管理可以有效锁住客户，你可以将积分管理运用到的自己微商运营之中。

有效增加单次销售额

所谓有效增加单次销售额，就是在一次销售中，通过增加产品数量或者使用不同产品组合来实现销售额的提升。通常采用的两种方法：一种是以最大的单位报价，一种是加码销售。希望你能运用到自己的微商运营之中，不断增加你的产品销售额。

以最大的单位报价

有些客户常常盲目地翻阅朋友圈，他没有买任何产品的想法，但是当他看到你宣传的某一款产品的时候，觉得你的产品品质、宣传广告都做得特别好。于是，他会停留在你的产品广告这里。这样的客户，我称之为迷茫的客户。还有一种情况是某个客户今天想买你的产品，但是他不知道该买多少，也就是他肯定会买，但是对买多买少没有概念。

当你遇到这样的客户，在询问他购买数量的时候，要懂得使用一个技巧——以最大的单位报价。比如，你销售的面膜一盒是五片，你不要问客户要购买几片，而要问客户要购买几盒。如果一小盒里装的是五片，一大盒里面装了十小盒面膜的话，你可以问客户要购买几大盒。

你问客户购买几大盒的时候，可以明确地告诉客户一大盒里有十小盒。但是你仍应寻问客户要购买几大盒。有的客户对钱和产品的数量没什么概念，可能随口就说出来购买两大盒、三大盒，甚至是五大盒。看似简单的一个问话方式，你的销售额可能就会提升三倍、五倍。因此，你要学会使用有效增加单次销售额的策略。

加码销售

加码销售，换个角度讲，其实就是打包销售。打包销售，是将几件产品打包计算总价之后，给予客户一定的价格优惠，以吸引目标客户购买，从而增加客户单笔消费额度。

很多朋友都吃过麦当劳、肯德基。当你到麦当劳、肯德基点餐的时候，会看到各种各样的套餐，而且大部分朋友会选择购买套餐。因为大家会产生一种感觉，那就是购买套餐比较优惠，算起来比零买要省钱。

可是你仔细算过吗？如果一个人去吃麦当劳、肯德基的话，是单点费用比较低，还是套餐费用比较低呢？其实，单纯从吃饱的角度讲，通常一个女孩并不需要一份套餐的量。但是如果他们销售套餐的话，你还是会选择套餐，因为尽管他们增加了你的单笔消费额度，但同时也让你感觉与单点购买相比，你确实占了便宜。这是卖家增加单笔销售额的智慧。

让客户帮你出谋划策

你可以采用有奖征集的方式向客户征集营销方案，这是一种让目标客户非常有参与感的极速成交方法。

比如，今天你要销售一款产品，但是你不知道怎么做营销才能更好、更快地把产品销售出去，此时，你可以在朋友圈里发布你想做的事情，请朋友圈的好友给你出谋划策。你可以从中选择一种方案，或者几种方案组合在一起，以达到与客户极速成交的目的。

在这个过程中，你一开始就要提出，如果好友的建议、方案被采纳，你将奖励一些有诱惑力的奖品。大部分好友会主动与你互动。互动的过程，就是建立信赖感的过程，就是拉近彼此关系的过程。在互动中，一些好友、客户会为你提出非常实用的、可以落地的、极具实操性的建议和方案。

你也可以让客户帮你设计一个宣传方案，或者制订一个促销计划，或者设计一个产品的营销策划方案，你可以奖励客户奖品。

微信有一个功能：大家可以在一起玩石头剪刀布。在促销的过程中，可以提这样一个方案：凡今天来购买产品的目标客户，都可以拥有一次玩石头剪刀布的机会，规则是三局两胜。如果目标客户赢了你，你会送一件什么样的产品。

大家都知道，微信还可以玩投色子游戏，你可以和朋友圈里的客户一起来玩这样的游戏。大部分客户都喜欢额外获得的价值，这就好比客户今天除了花钱购买了自己想要的产品之外，额外还得到了一些非常实用的赠品，他会非常高兴，非常喜欢。这也是实现极速成交非常有效的方法。

要点集结

○ 成交，不只是客户毫不犹豫地购买，而且客户会全力以赴地为你做转介绍，让更多的朋友购买你的产品。具体来说，实现成交，你可以采用三种方式：一是客户见证，二是促销方案，三是饥饿营销。

○ 并不是所有的客户都愿意帮你做产品客户见证，你一定要找关系特别好的客户先来帮你做客户见证。万事开头难，你的产品有了前几例客户见证之后，再让其他客户做客户见证就比较容易了。

○ 为什么同样的进货渠道，同样的销售地点，第一个卖狗人和第五个卖狗人的月收入会有如此大的差距？因为第五个卖狗人运用了两种促销策略：一种是零风险承诺策略，一种是赠品促销策略。

○ 做微商的朋友，贪婪都是存在于潜意识之中的，恨不得所有的产品都很快被卖出去。可是你越想多卖，往往越难达成目的。你要在销售的过程中学会矜持、学会设限，学会站在高姿态的角度做营销。

○ 有效增加单次销售额，通常采用的方法有两种：一种是以最大的单位报价，一种是加码销售。

大部分好友会主动与你互动。互动的过程，就是建立信赖感的过程，就是建立彼此关系、拉近彼此关系的过程。在互动中，一些好友、客户会为你提出非常实用的、可以落地的、极具实操性的建议和方案。

CHAPTER 10

做好客户服务才能坐稳江山

俗话说，细节决定成败。做微商的关键，不是你加了多少微信好友，也不是你开发了多少微信客户，更不是你卖出去多少产品，而是服务的细节。说到底，客户服务是微商运营的头等大事。

客户服务做得好，可以让你的业绩快速攀升；客户服务做得不好，可能客户在你这里购买一两次之后，就再也不捧你的场了。所以，要想成为真正的微商大咖，一定要抓好客户服务，把客户服务做到极致。

提供让客户惊讶的服务

做微商，你要学会提供让客户惊讶的服务。所谓提供让客户惊讶的服务，就是超出客户的想象，让客户感觉到自己从来都没有想到会得到这样细致、周到的服务。比如，一个客户购买了某一品牌的小物品，商家却赠送了他很多同一品牌的试用品，客户无疑会感到这次购物是超值的。

试想一下，当你购买了一件产品，卖方的服务超乎你想象的好，你是什么感觉？你会不会把这个商家介绍给更多的朋友？你会不会想，以后买这款产品一定会到这个商家购买。如果你能做到让客户在购买产品时，感到你提供的服务能带给他惊讶，那么你一定会获得特别好的结果，好运会像潮水般向你涌来。

如果你想让客户的满意度爆表，自己的营业额大幅飙升，那么你就要学会做与产品不相关的客户服务。今天客户购买了一款面膜，如果你只是做与面膜相关的服务，客户会认为你提供相应的服务是天经地义的，因为做好与产品相关的服务是你分内的事情。但是在把与产品相关的服务做好之后，你更多的是站在朋友的角度，为客户提供与产品不相关的服务，那么客户与卖家之间的买卖关系就会转变成朋友关系。这样，客户就会长期钟情于你和你提供的产品。

把服务做到极致才能收获更多

如何把客户服务做到极致？你可以从送礼物的方式入手，不断地为客户提供价值。一提到送礼物，很多微商朋友会这样想：我都还没开始赚钱呢，怎么可能送得起客户礼物呢？

其实，这是多数微商朋友对向客户送礼物认识的误区。送客户礼物，你不一定要送有价的礼物，也不一定要送有成本的礼物。

前文讲过的内容中提到，卖面膜的微商，可以在网上找一些明星的护肤秘籍、美容秘籍、瘦身秘籍等等，然后经过编辑整理，再做成礼物送给你的目标客户。只要你持续不断地为客户提供价值，就可以与客户建立相应的关系，拉近彼此的情感和距离。

建立客户档案

做客户服务一定要建立客户档案。你可以把客户分成目标客户、正式客户、复购客户、未复购客户、准代理客户五类。目标客户跟你产生购买关系之后就是你的正式客户了；如果正式客户买了一次之后，第二次又购买了你的产品，那么正式客户就成为你的复购客户了；如果正式客户目前只购买了一次你的产品，就被称为未复购客户；另外还有一种客户叫准代理客户。

建立客户档案的时候，你不妨按照以上分类标准把客户分成五类。

第一步，与目标客户建立感情连接。

做售前服务的时候，你要多给目标客户发送与产品相关的专业知识，也就是多给客户提供产品价值。尽量不要有推销的动作，要持续不断地给客户输送价值，直到客户觉得不购买你的产品都不好意思的时候，客户自然就购买你的产品了。这一阶段，关键在于建立起你与客户之间的感情连接。

做微商，不是做一次性销售。做微商，你开发目标客户，关键在于让客户长期支持你，长期购买你的产品，而且至少可以在你提供的平台上购买三五年的产品。当然，经营得越久，相对来说，对你越有利。

试想一下，你持续不断开发的都是长期购买你产品的客户，那么当你拥有100位这样的客户时，你每月的营业额是不是就不用愁了，是不是可以给你带来稳定增长的利润！因此，你把目标设定在与目标客户建立感情连接上，就会呈现出与其他微商不一样的经营效果。

第二步，持续为正式客户创造价值。

如果面对的是正式客户，你更要持续不断地为其输送价值、创造价值，让正式客户获得意外的收获。将客户与自己的感情悄无声息地拉近，与客户成为好朋友，为客户提供和产品不相关的价值和服务。

客户对你的感觉好了，就会喜欢你、信任你。那么，客户在购买产品的时候，只要你这里有他需要的产品，他就不会再去其他卖家或者商家那里去购买，因为你们是朋友，他会优先考虑你、照顾你。

由此可见，正式客户才是你要不断培养和真正需要持续经营的对象。

第三步，让复购客户做客户见证。

复购客户，需要你持续地为他提供价值，给他制造惊喜，送他礼品。通过主动让利，牢牢地锁住复购客户，同时请复购客户帮你做客户见证，甚至还可以邀请复购客户与你一起赚钱，成为你的产品代理商。

复购客户是你的忠诚客户，也是你非常重要的客户扩展资源，更是你把微商做大做强的基础。

第四步，用感恩引导未复购客户。

未复购客户，指的是客户已经购买过一次你的产品了，但后续未产生再次购买行为。这样的客户应该怎么维护？你可以多发送给他们一些打折促销信息，也可以选择性地赠送给这样的客户一些免费礼品，以表达对未复购客户长期支持你、关注你的感恩。

你可以通过发一些感恩未复购客户的信息，引导他们持续购买你的产品。当你把打折信息、促销信息发给未复购客户的时候，他们往往是愿意抓住机会产生复购行为的。一旦未复购客户开始复购了，那么就会产生第二次、第三次购买，时间长了，自然就成为习惯性动作，你的复购客户群体也会进一步扩大。因此，你要学会引导未复购客户，让他们成长为你的复购客户。

此外，你也要弄明白为什么未复购客户只购买一次你的产品就再也不买了，为什么你还要感恩、感谢他们？因为你一直都保持着一颗感恩的心，感谢客户对你的支持，感谢客户对你的付出，感恩客户购买你的产品。很多客户会为了寻求更多的感谢和感恩，会成为你的复购客户。他们会因为自己只购买了一次你的产品，你却一直感恩他们而不好意思的。由此可见，感恩和感谢会成为让未复购客户成为你的复购客户的一种动力。

第五步，多为准代理客户推送有价信息。

准代理客户则需要你持续给他推送代理商特招信息。也就是如果准代理客户有意成为你的代理商，平时需要投资 8000 元，现在你搞活动，有优惠，只需要准代理客户投资 5000 元就可以了。类似于这样的代理商特招信息，你要及时多推送给准代理客户。然后再多推送一些与代理商培训有关的信息、举办活动的信息，以及奖励方面的信息，给他一个立刻加入代理商行列的理由，促使他毫不犹豫地加入到你的行列之中。

分门别类，为客户提供精准服务

将客户进行分类管理是非常重要的。比如，对女性客户的分类就有很多：有一类女性被称为单身女性，有一类女性被称为女白领，还有一类带孩子的妈妈被称为“宝妈”，另外还有一类喜欢小动物的女性则被称为宠物主。如果你只是把女性客户简单地分成单身女性、女白领、宝妈、宠物主的话，听起来好像没有什么感觉。如果你给女性客户设计了一个女性客户分类调查表，让她们自愿填写，她们看到分类调查表也会没什么感觉。

究竟怎样对客户进行分类，客户才会有感觉呢？

我是这么做的。我把单身女性叫作单身女神，现在的女生都喜欢当女神；我把上班一族的白领女性叫作白领女贵族；宝妈都希望自己生过宝宝之后变得更美，我就把“宝妈”叫作宝妈女神；至于那些喜欢宠物的女性，当然希望自己养的宠物非常萌、非常聪明、非常招人喜欢，我就把她们叫作萌宠女神。

我把这样的分类列入设计好的调查表中，把每一类女性的判断标准写上若干条，然后分发给街上遇到的女性进行填写，她们大都是比较愿意配合填写的。

为什么要这样分？因为女性客户的需求已经变得跟过去完全不一样了。

针对单身女神，你可以在网上找恋爱宝典、脱单秘籍、穿衣搭配的技巧、美妆美容的技巧等专业内容，精心编排之后，作为礼品赠送给单身女神，或者作为回报感谢单身女神，这样能有效拉近你与此类客户之间的情感距离。

针对白领女贵族，你可以到网上找如何搭配职业装，如何融入职场；商务礼仪，社交礼仪，餐饮礼仪；如何进行有效沟通，如何处理人际关系等职场上经常遇到的难题，并把这些内容编排好，发给白领女贵族。如果恰巧帮她们解决了一些困扰她们的职场难题，她们会发自内心地感谢你。一旦开始感谢你，自然也就拉近了你与白领女贵族之间的距离。

至于宝妈美神，你给她们推送哪方面的内容呢？一般宝妈女神都怕生完宝宝后，身材走样。如果是我，我会推送给她们产后身材恢复方面的秘籍。当然，你也可以推送一些育儿宝典给宝妈女神们。你还可以推送哺乳期的注意事项，比如，早教音乐的选择、婴幼儿用品如何选购、宝宝妈妈饮食应注意哪些事项，等等，这些都是宝妈女神比较关心的问题。你要找权威机构发布的专业、经典的内容，并免费推送给她们。她们也会非常感激你，从而拉近彼此之间的距离。

就萌宠女神养宠物而言，一般女神没有太多的宠物喂养经验，所以，喂养宠物的常识、驯养宠物的秘籍、宠物疾病的预防、给宠物拍照的技巧等相关专业知识，你可以免费、定时发送给萌宠女神们。相信这类女性客户会非常高兴，非常感恩，非常喜欢你，从而拉近彼此之间的心理距离。

把客户当作家人，你才会赚大钱

做微商，千万不要一心只想着挣钱，因为你两眼见钱就放光，是会把客户吓跑的。当你真正把客户当家人看待的时候，你的服务才能做到极致，才会让客人感到开心、兴奋和感动，客户才会把你当朋友，甚至当亲人。

比如，在客户生日或者对客户来说有特殊纪念意义的日子里，你送给客户一份特殊的祝福、一份美好的祝愿、一份精美的礼品，客户会发自内心地感激你。当你的祝福感动了客户时，你们就成了非常要好的朋友。

试想在这样的情况下，你提供的产品质优价廉，客户会拒绝你提供的产品吗？把客户当家人一样看待，客户就会纷至沓来。

感恩客户，你会获得更多支持

一个人要想快速走向成功，贵人相助必不可少。懂得感恩，愿意帮助你的贵人就会越来越多。很多做微商的朋友错误地认为，自己想要得到什么、自己是怎么想的，客户是感受不到的。我奉劝存有这种想法的朋友，不要犯这样的错误。

> 如果你一心只想赚钱，客户是能感受到的；如果你满心都是对客户的感恩，客户同样也能感觉到。可见，你的起心动念会影响到你想要达成的结果。

每次举办培训班，我都积极准备课程，因为我非常想通过自己的精心准备去感恩学员、感恩客户。因此，我会通过用心讲课把我精心准备的课程分享给学员和客户，相信通过我的讲解和分享，学员和客户肯定也都能感受到我的用心，学员和客户也才会有更多的收获，同样，学员和客户也才会回馈给我更多的支持。

我常常讲，地球是圆的。起心动念的瞬间，不同的轮回就开始了。你释放出去的是好的，你得到的也一定是好的。

真诚致谢，客户会更愿意购买

你要敢于致谢客户，让客户在购买你的产品的同时获得快乐和成就感，这也是你送给客户的一份大礼。真诚致谢，能让客户更喜欢你、更信任你、更支持你。

比如，当你买了一款产品时，商家给你发一封信，内容如下：

> 亲爱的××哥哥（姐姐）：
>
> 衷心感谢你对我的支持，因为有了你的支持，我的事业又上升了一个台阶，我离我的目标和梦想又近了一步，是你让我坚定了自己的创业之路。
>
> 亲爱的××哥哥（姐姐），我对你的感激之情，真的是无法用言语来表达。你就是我生命中的贵人，你使我坚定了努力的方向，给了我继续前行的动力。
>
> 亲爱的××哥哥（姐姐），我发自内心地感谢你，祝你永远幸福、健康、快乐。

如果你买了一款产品，商家给你发了一封这样的致谢信，你有什么样的感觉？这封致谢信中有一条非常打动我，就是那句“你就是我生命中的贵人”。商家把你当成了生命中的贵人，你是不是应该给到商家更多的支持？！这就是真诚致谢的力量。

写致谢信要动真感情，有真感情才是好文章，发自内心才能真正打动客户。如果你的致谢信形式大于内容，走场不走心，这样的致谢信还不如不写。

经常赞美客户，让客户离不开你

有一句话叫作“良言一句三冬暖，恶语伤人六月寒”。经常赞美客户，会让你生意兴隆，财源滚滚。

“你的皮肤真的太好了，那么细，那么白！”“你的身材太好了，真有魅力。”“天哪！你的眼睛太漂亮了。”……当你接收到这样的赞美时，是不是感觉暖暖的、甜甜的，特别舒服、特别开心，瞬间你就会对赞美自己的这个人产生好感。

当你给客户足够多的赞美时，你会发现，这个客户已经离不开你了。这就是赞美的力量。

如果你走到一家店铺去购买商品，商家在与你交流的过程中，时不时地赞美你，你是不是很开心、很舒服、很快乐？但是如果你走到另一家店铺里，商家一句赞美你的话都没有，你是不是觉得商家对你太冷淡了，爱答不理的？！请问，你下次再来的时候，更愿意到哪家店铺里购买商品？

当你明白这个道理之后，我相信，你会努力发掘客户的优点，并经常赞美客户的优点，从而获得客户的认同。

回馈客户，倍增利润不是事儿

我经常说一句话，叫作“不贪才能赚，会舍才能得，付出是最高层次的索取”。我把这种回馈叫“付出一点，回报十分；拉近情感，收获满满”。

如果今天你做一单生意能赚 100 元，然后你拿出 10 元回馈客户，那么客户提供给你的利润肯定远远超过你回馈的 10 元，也许是 10 元的 10 倍，甚至更多倍。客户可能会持续不断地加大购买你的产品的力度，甚至有可能会拉更多的朋友购买你的产品。

一定要经常回馈你的客户。客户喜欢获得额外的收获，而且愿意为额外的收获付出更多。你要想办法让客户获得额外收获、额外惊喜，这样，你才能获得更大的利润。

不满意客户变成忠诚客户的法门

在我们服务客户的过程中，经常会出现以下情况：

客户收到从你处购买的产品时，会非常生气地跟你说："我买了两款产品，为什么你只发给我一款？"这种情况可能是你太忙碌，可能是你一时疏忽，也可能是在包装的过程中发生了一些小问题、小差错。

这个时候，大部分做微商的朋友会说："抱歉，抱歉。不好意思，不好意思。我马上帮你补发。"这样做，对吗？当然，一般情况下，这样做是没有问题的。但如果你按我下面介绍的方法做，你会收到一种不一样的效果。

试想一下，普通客户与你正常往来，客户把钱给你，你把产品给客户，你有机会把客户变成你的"铁粉"吗？我认为，你的疏忽或者差错在让客户产生愤怒的时候，往往提供了让客户成为你的忠诚客户的大好机会。

首先，在客户服务中出现了问题，对你来说，绝对不仅仅是问题，你需要做的是化危为机，把每一次出现的客户服务问题当成自己的商机。

通过正确处理这样的危机问题，你可以把有抱怨的客户变成自己的铁杆粉丝。也就是说，正确有效地处理客户服务问题能把不满意的客户变成忠诚客户。

有人可能会说："李老师，你搞反了吧？这些客户已经很反感我了，怎么可能还会成为我的忠诚客户呢？"其实我没搞反，关键在于你怎么处理这样的客户问题。如果你除了把少发、漏发的产品补发给客户之外，还可以赠送给客户一个非常棒的、非常有诱惑力的赠品，客户会不好意思的。只要你给客户赠品的方式够巧妙，给的赠品恰到好处，客户就会把你当成非常好的朋友，从而变成你的"铁粉"。客户甚至会回馈你，比如给你介绍更多的客户。可见，客户抱怨你，甚至冲你发火，对你来说，都是一次难得的获得忠诚客户的机会。

出现客户抱怨，甚至跟你发火，这都是你的机会。你可以通过赔礼道歉、送礼品，让他不好意思，以后他可能会成为你的忠诚客户，甚至会持续地为你做转介绍，带来新客户。但你也不要因为这是机会，就经常给客户漏发、少发产品，这是非常不好的。

客户转介绍能带来业绩大提升

客户转介绍从营销学的角度而言，是成本最低、效果最好、见效最快、成交额最稳定的营销方式。做微商，如果你不能有效地运用客户转介绍，那么你的营业额至少会损失一半。相反，如果你能合理运用客户转介绍，那么你的营业额提升一两倍，是非常简单、轻松的事情。

客户转介绍究竟是如何实现的呢？我根据受益人的多少，从策略上把客户转介绍分为下策、中策和上策。

客户转介绍下策——单方受益

下策就是老客户帮你转介绍一位新客户，你私下给老客户一份好处。大家都知道，推动微商运营的一定是一套机制，而且这套机制是公开的。

如果你只是采用一种机制来运营微商，可以想象一下具体的情景：

你给A介绍了你的客户转介绍计划，A把他的朋友B推荐到你这里购买产品，A必然要得到好处。但是B早晚有一天会知道你的客户转介绍计划。B知道了你的客户转介绍计划，就会恍然大悟：原来A推荐我来这里购买产品，是为了得到这个店铺提供给他的好处。

其实，这就等同于A把B出卖了。这不是一种好的客户转介绍方式，这种客户转介绍会让你的老客户与新客户之间产生矛盾，而且存在同时失去这两个客户的风险，所以要少采取此种客户转介绍的策略。

客户转介绍中策——双方受益

中策是老客户帮你介绍一位新客户购买你的产品，你会给老客户100元的好处，也会给新客户100元的购物优惠。但是如果新客户是自己来你这里购买产品的，那么任何好处、任何优惠都不存在。因为是老客户介绍来的新客户，所以你要同时给老客户和新客户相等的好处。

这样做有效解决了老客户和新客户之间的矛盾，同样的好处，新客户和老客户就都不会有怨言。客户转介绍的中策就是让老客户和新客户均等受益。

客户转介绍上策——三方受益

在讲上策之前，我先问你一个问题：当你花钱购买一款商品的时候，是不是你把钱给老板，老板把商品给你这样一个过程？这个过程是不是等同于用客户的钱去交换你的产品？如果这样理解的话，请问：客户拿着钱去换你的产品，在客户的心目中，是钱对客户重要，还是商品对客户重要？当然是商品对客户更重要了。

如果你的产品对客户来说不重要，客户是不会拿自己的钱来换你的产品的。既然是这样的情况，为什么商家会用折扣、少收现金、现金奖励等方式做促销呢？因为商家忽略了，在客户心目中，产品更重要。

做微商，你让利给客户，一定要让产品，而不是少收现金。

让产品给客户有两个好处：一是产品在客户的心中更重要；二是你让100元的产品与让100元钱的结果，是有很大区别的。因为产品当中有利润，可以打折。

所以，做微商，你要提供产品让利，用产品来促动老客户帮你做客户转介绍工作。在这个过程中，大部分微商可能没做过客户转介绍方案，也没有做过推广这件事，但是在销售产品的过程中，很多老客户其实已经帮你做了客户转介绍。

优秀的微商从不被动等待转介绍

你没做推广，都有客户帮你做客户转介绍，原因是多方面的，可能是你的产品品质好，也可能是你的产品在市场上有亮点，有客户需求。但是如果你推广做得好，有可能会有更多的客户为你做客户转介绍。

优秀的微商是不会满足于被动地做客户转介绍的。在客户转介绍的过程中，你要给老客户一个工具，让老客户帮你做产品分享工作，而不是做产品推销。因此，你可以在公众平台上准备一段与产品相关的图文混排的文案、一张与产品相关的图片、一段与产品相关的视频，让老客户进行分享，从而间接地进行客户转介绍。

不要指望老客户帮你做推销产品的工作，因为他们肯定不愿意帮你做推销。退一步讲，即使老客户愿意帮你做推销，也是做不来的，因为他们没有这样的能力和经验。

另外，你要考虑到，当老客户向潜在目标客户介绍你的产品时，你要让潜在目标客户从内心深处有一种感觉，那就是你的老客户给了他一个绝佳的占便宜的机会，这样的话，老客户才会愿意帮你做产品分享，潜在目标客户也才会愿意占这个便宜。你一定要把客户转介绍计划做得很完善，做得很有诱惑力，这样，才会有更多的潜在目标客户愿意购买你的产品，成为你的新客户。

设计客户转介绍计划的时候，你不要只设计一种方案，至少要设计三种方案。比如，转介绍客户可以赠送 A 产品；转介绍客户也可以赠送 B 产品或 C 产品；还可以是转介绍客户 1 人赠送 A 产品，转介绍客户 3 人以上赠送 B 产品，转介绍客户 8 人以上赠送 C 产品。

记住，设计客户转介绍计划方案时，一定要有一个搭配和组合。这样，大家玩起来才觉得有意思，也才会有更多人愿意为你做更多的客户转介绍。

要点集结

◎复购客户是你的忠诚客户，也是你非常重要的客户扩展资源，更是你把微商做大做强的基础。

◎你一直都保持着一颗感恩的心，感谢客户对你的支持，感谢客户对你的付出，感恩客户购买你的产品。

◎如果你把客户当家人看待，那么客户才会把你当亲人看待。因此，做微商，你要学会把客户当作家人。

◎客户服务的四大秘籍：懂得感恩、敢于致谢、经常赞美和回馈客户。

◎我常常说，地球是圆的。起心动念的瞬间，不同的轮回就开始了。你释放出去的是好的，你得到的也一定是好的。

◎写致谢信要动真感情，有真感情才是好文章，发自内心才能真正打动客户。如果你的致谢信形式大于内容，走场不走心，这样的致谢信还不如不写。

◎不贪才能赚，会舍才能得，付出是最高层次的索取。

◎出现客户抱怨，甚至跟你发火，这是你的机会。你可以通过赔礼道歉、送礼品，让他不好意思，以后他可能会成为你的忠诚客户，甚至会持续地为你做转介绍，带来新客户。

◎让产品给客户有两个好处：一是产品在客户的心中更重要；二是你让100元的产品与让100元钱的结果，是有很大区别的。因为产品当中有利润，可以打折。

◎在客户转介绍的过程中，你要给老客户一个工具，让老客户帮你做产品分享工作，而不是做产品推销。

CHAPTER 11

海量招募代理商，才能赚大钱

做微商，不但要懂得如何大量招募代理商，而且要学会坚持利他。成就代理商，你才能赚大钱。因此，你需要认真考虑以下几个问题：

（1）代理商最想要的是什么？

（2）如何吸引更多的团队精英成为你的代理商？

（3）如何激励代理商全力以赴？

（4）如何让代理商誓死追随你？

（5）如何让代理商视你为神？

“钓鱼”要知道“鱼”的梦想是什么

我们从第一个问题开始思考。请问：代理商最想得到的是什么？你可能会不假思索地说出一个字——钱，难道他们需要的仅仅是钱吗？其实不一定。

如果代理商们只想着赚钱的话，那么有很多微商大咖能带着大家赚钱。我认为，比简单地赚钱高一级的需求是持续地赚钱，再高一级的需求是持续地赚大钱，如果需求再高一级，那就是在持续赚大钱的同时，个人得到快速地成长。那么代理商有没有更高的需求呢？当然有，那就是成为知名人士。

做微商，尤其是做超级微商，你要想清楚，代理商最想要的（也就是需求）是什么？“钓鱼”要知道“鱼”的梦想，自己能够给代理商带来什么。找到了主题、找准了定位之后，才能真正吸引海量的精英代理商加入你的微商团队。

让代理商相信你能圆他的梦

大多数代理商的梦想就是持续地赚钱，持续地赚越来越多的钱，实现自己的价值；也有一些代理商希望自己有一天能成为一个非常大的团队的领导者；还有一些代理商希望自己有一天能在业内成为一名非常有影响力和知名度的人。所以，你要给自己的代理商实现各自梦想的机会，代理商才可能会成为你的追随者。

如何让代理商相信你能带领他们圆梦？如果你只是自己空口说说，代理商是不会相信你的，因为你是“王婆卖瓜，自卖自夸”。如何才能拥有帮代理商圆梦的能力，如何才能帮代理商实现他们的梦想？这需要你持续不断地学习和修炼，从而提升自己的能力和综合素质。

首先，你要学会让自己的微商团队快速成长。

其次，让代理商实实在在地看见你提供给他们的支持，让他们相信自己在你的微商团队里能够得到他们想要的结果，而且能够逐步完成他们为自己设定的阶段性目标，最终实现他们梦寐以求的梦想。这样，代理商才会愿意和你一起走下去的。

如何让代理商相信你，愿意跟你一起做事业呢？有的微商朋友说："我站在高处振臂一呼，让团队成员和我一起呐喊，就可以了。"我认为，这不是什么好的有效方法。

经过观察研究，我认为，比较聪明的做法是你要经常让自己比较信赖的代理商做客户见证。

不仅是自己卖产品可以用客户见证，其实在现实生活和工作中，我们做的很多事情都需要借助客户见证的力量，让更多的目标客户在短时间内对我们和产品产生足够的信赖。更重要的是，打造一个让代理商与自己一起赚钱的有效系统，然后持续发展下去。

打造让大家一起赚大钱的系统

如何打造一套行之有效的微商运营系统？

第一，你要为自己的团队取一个"高大上"的团队名称。

第二，你要设计一个吸引代理商加入的团队宗旨。

第三，你要为团队设计一套专业的、有内涵且又通俗易懂的团队标识。

第四，你要打造并分享一套行之有效的微商营销系统。

如果你做不到以上几点，那么你就要快速地学习，等具备了相应的能力和条件之后，再组建自己的代理商团队。

有人说："李老师，我不会设计团队标识怎么办？"我的建议是，你可以在淘宝网投入很少的费用，让他们根据你关于团队标识的描述、定位，帮你设计一套既专业又漂亮的团队标识。

如何才能为代理商提供真正持续赚钱的方法呢？

第一，需要你自己琢磨、学习并掌握一套真正有效的微商运营策略。

第二，你要把真正有效的微商运营策略分享给代理商。

第三，你要持续不断地学习，从而提升自己的专业能力。

第四，你要快速成长，勇猛精进，争取做到持续地与代理商互动分享。

第五，你要跟上市场，把自己的微商运营系统进行迭代升级，这样才会少走很多弯路。

用正直、诚信、付出征服代理商

你在带领代理商团队的时候，要坚持一个准则——信任。让代理商喜欢你、信任你，是你带好代理商团队的不二法门。这就需要你做人正直、诚信，同时要做到主动付出。要彻底征服代理商，我认为你应该做好以下几点：

第一，绝对不能见利忘义，急功近利。

第二，凡事要以诚信为本，说到做到，言行一致。

第三，遇事要懂得主动付出，慷慨大气。

第四，无论是生活还是工作，要懂得舍得之道，即大舍大得，小舍小得，不舍不得。

第五，钱是修来的，不是赚来的。当你自己变得更好的时候，你的收入也会越来越多。

如果你在带团队的过程中，发现人越来越少了，团队越来越小了，一般不是你的管理方法和策略出了问题，大部分情况下是你在做人处事方面出了问题。所以你要从做人的角度来修炼自己，提高自己的修养。这样，你的影响力才能影响到整个团队，才能让代理商团队产生强大的凝聚力。

借助名人效应扩大自己的影响力

你可以通过以下几种方式，借助名人效应扩大自己的影响力。

第一，你可以把自己打造成名人。这需要你投入很多时间和精力，不能很快见到效果。

第二，你可以通过向名人学习来提升自己的影响力。

第三，你可以通过与名人合作，实事求是地借助名人效应来扩大自己的影响力。

第四，你可以通过让名人为你工作来扩大你的影响力。

通过以上多种方式，你可以借助名人效应扩大自己的知名度、美誉度和影响力。这是一个非常好的方向，只要你朝着这个方向坚持不懈地努力，就会使自己的影响力越来越大。

吸引精英代理商加入，团队才能壮大

如何才能吸引精英代理商，从而使自己的微商团队不断壮大？

第一，你可以加入大量的微商专业群，在群里展示自己的真实实力和收获。

第二，你可以通过培训展示自己的专业能力。

第三，你可以制作权威专业资料赠送给精英代理商。

第四，你可以通过音频、视频分享自己微商运营的经验，以吸引更多精英代理商加入自己的微商团队。

第五，你可以在咖啡厅等场所组织微商经营方面的培训课，以吸引精英代理商加入自己的微商团队。

有效激励代理商，让利润追着你跑

激励代理商主要有以下五种方式：

第一，你可以通过积分管理及超级大奖来激励自己的代理商团队。

很多人都用过积分管理及超级大奖来激励自己的团队，只是用得不那么透彻，用得不那么完善。我的建议是，如果你正在采用积分管理，就要配上相应的管理软件，目的是让代理商在能看到自己积分的同时，也可以看到队友以及其他友军团队的竞争积分是多少。这样做，主要是让团队成员之间形成你追我赶的氛围，从而为更多的团队成员带来努力的动机和正能量，最终产生良好的效果。

设计超级大奖利用的是人性的弱点——贪婪。前文讲过，人是贪婪的。如果你设计一个超级大奖只奖给第一的话，大家都会全力以赴去努力做好这件事，以争取获得第一，赢得属于自己的荣誉。

第二，你可以通过代理商之间的相互比拼，激励整个代理商团队。

通过代理商之间的相互比拼，能有效借助代理商的好胜心理，在团队中形成你追我赶的良好状态。采用这种方式，同样可以有效激励代理商全力以赴地去做好自己的工作，实现自己的梦想。

第三，你可以通过心态培训来激励自己的代理商团队。

很多人做微商，只是随便做做，一般都没有为自己设定宏伟的目标，也可以说从来没有预想过会有一个很好的结果。在这种情况下，你自己怎么可能会有强大的工作动力来触动代理商们全力以赴地做好工作呢。要想让代理商们都把工作做好，你可以通过心态培训来激励他们全力以赴地开展工作。

第四，你可以通过设置相应的头衔来激励和管理代理商团队。

你可以把所有的代理商分成不同的小团队，每个小团队划分10个等级，每个等级都有相对应的名字，你可以根据代理商卖出产品的多少分配给他不同的经验值，不同的经验值对应不同的头衔。经验值积累得越多，头衔越高，获得的好处也越多，这样，代理商就会通过自己的努力去获得更高的头衔。这同样也是激励团队代理商努力工作的一种方法。

第五，你可以通过线上线下分享资格的获取激励代理商团队。

在所有的代理商培训过程中，你可以邀请一些做得比较好的代理商分享经验和工作心得。但是，分享机会，你是设置了限定范围的，比如，你可以设定这一周业绩前三名的代理商，可以在周末培训的时候分享自己的经验和工作心得。这些来分享经验和工作心得的团队领导，是带着一份荣誉来分享的。

这样就能激励代理商通过自己的努力去争取每周业绩前三名的分享者名额。从人的天性来说，每个人都是爱分享的，每个人也都是喜欢被表彰的。因此，你可以采用这种方法激励代理商全力以赴地做好自己的工作。

让代理商誓死追随你才是王道

俗话说，让代理商誓死追随你，你才能通过微商赚大钱。那么，究竟怎么做，微商团队的代理商才会誓死追随你呢？

我通过观察和实践发现，你可以通过以下几种方式让代理商誓死追随你：

一是建立师徒系统并强化师徒关系；

二是建立家族系统并强化家族关系；

三是帮助代理商快速实现收入提升；

四是帮助代理商实现团队快速发展；

五是不断强化心态教育和感恩教育。

让代理商觉得你把他带到这条路上，并且一直在全力以赴地引导他、培养他、支持他。如果你能把以上五种方式中的一两种方式运用到炉火纯青的地步，一般情况下，代理商是不会离你而去的。

代理商视你为神是微商最高境界

微商的最高境界是让代理商视你为典范，视你为标杆，甚至视你为神。到底怎样做，团队中的代理商才会视你为典范呢？

首先，你需要快速提升自己的格局，快速提升自己的境界。这样，代理商跟着你，才能提升他的格局、他的境界。想让别人把你当典范、当标杆，自己首先要具备当典范和标杆的素养和能力，成为真正的典范和标杆。

其次，你要在日常的工作、运营、行为、礼仪等方面做到面面俱到，你要时刻注意自己的形象，并且要实现快速甚至超速成长。

我常讲，如果你要给别人提供一杯水的知识，那么自己首先至少要具备一桶水的知识。如果你想要成为代理商心目中的典范，你自己至少要做到自己所在领域里的前三，最好是能做到领域的NO.1，这样才更有说服力。当你成为行业引领者的时候，你就是规则的制定者。

你自己要不断地快速成长、快速提升，这样你才能成就代理商，让代理商的能力得到提升，让代理商赚到钱，圆代理商的梦想。

坚持利他，你的目标客户才能不断转化为复购客户，并持续带来客户转介绍。如此，你的微商才能持久发展下去，你才能真正赚大钱。

要点集结

◎ 做微商，你要想清楚，代理商最想要的（也就是需求）是什么？“钓鱼”要知道“鱼”的梦想，自己能够给代理商带来什么。找到主题、找准定位之后，才能真正吸引精英代理商加入你的微商团队。

◎ 不仅是自己卖产品可以用客户见证，其实在现实生活和工作中，我们做的很多事情都需要借助客户见证的力量，让更多的目标客户能在短时间内对我们和产品产生足够的信赖。

◎让代理商喜欢你、信任你，是你带好代理商团队的不二法门。这就需要你做人正直、诚信，同时要做到主动付出。

◎无论是生活还是工作，要懂得舍得之道，即大舍大得，小舍小得，不舍不得。

◎从人的天性来说，每个人都是爱分享的，每个人也都是喜欢被表彰的。因此，你可以采用这种方法激励代理商全力以赴地做好自己的工作。

◎想让别人把你当典范、当标杆，自己首先要具备当典范和标杆的素养和能力，成为真正的典范和标杆。